行政事业单位财会人员案头必备工具书

（2024年版）

行政事业单位"三公"经费支出规范管理文件汇编

XINGZHENG SHIYE DANWEI "SANGONG" JINGFEI
ZHICHU GUIFAN GUANLI WENJIAN HUIBIAN

财会监督制度研究组 编

中国财经出版传媒集团
中国财政经济出版社
·北京·

图书在版编目（CIP）数据

行政事业单位"三公"经费支出规范管理文件汇编／财会监督制度研究组编． ——北京：中国财政经济出版社，2024.11

ISBN 978 – 7 – 5223 – 2623 – 8

Ⅰ.①行… Ⅱ.①财… Ⅲ.①行政事业单位－财务管理－文件－汇编－中国 Ⅳ.①F239.66

中国国家版本馆 CIP 数据核字（2023）第 246416 号

责任编辑：尉　敏　　　　　责任校对：徐艳丽
封面设计：卜建辰　　　　　责任印制：史大鹏

行政事业单位"三公"经费支出规范管理文件汇编
XINGZHENG SHIYE DANWEI "SANGONG" JINGFEI ZHICHU
GUIFAN GUANLI WENJIAN HUIBIAN

中国财政经济出版社 出版

URL：http：//www.cfeph.cn
E – mail：cfeph@cfeph.cn
（版权所有　翻印必究）

社址：北京市海淀区阜成路甲 28 号　邮政编码：100142
营销中心电话：010 – 88191522
天猫网店：中国财政经济出版社旗舰店
网址：https：//zgczjjcbs.tmall.com
北京中兴印刷有限公司印刷　各地新华书店经销
成品尺寸：170mm×240mm　16 开　19 印张　217 000 字
2024 年 11 月第 1 版　2024 年 11 月北京第 1 次印刷
定价：78.00 元
ISBN 978 – 7 – 5223 – 2623 – 8
（图书出现印装问题，本社负责调换，电话：010 – 88190548）
本社图书质量投诉电话：010 – 88190744
打击盗版举报热线：010 – 88191661　QQ：2242791300

本书编委会

主　编：齐　军

副主编：余兴华　赵晨晨　肖　莉

编委会成员：（按姓氏笔画排序）

齐　军　李　娟　肖　莉　吴凤娇

余兴华　赵志丽　赵晨晨　赵翠翠

徐佳梦　蔡永青　魏　枫

前　　言

近年来，财政部门严格落实过紧日子的要求，努力降低行政运行成本，加大民生保障力度；合理安排中央部门支出，增加对地方转移支付；严格控制一般性支出，保障国家重大战略任务实施。2024年第十四届全国人大二次会议上，政府工作报告再次强调，各级政府要习惯过紧日子，进一步凸显了这不是一时之需，而是长久之计。

财政部从强化预算约束角度，对中央部门和地方财政落实党政机关习惯过紧日子提出六方面明确要求，督促各地区各部门坚持过紧日子不放松。一是对"三公"经费实施更加严格的限额管理。行政和参公事业单位不得使用非财政拨款安排因公出国（境）费；对公务用车严禁超标准租赁高档豪华车辆，降低车辆运行维护费用；公务接待中严禁以虚报人数、违规增加陪同人数等方式多开支公务接待费。二是严格控制一般性支出。强调中央部门带头大幅压缩论坛、节庆、展会等活动。举办活动不得讲求排场，尽量节约支出。会议、培训等公务活动要优先使用单位内部会议室、礼堂等场所，鼓励采取视频、电话、网络等线上方式开展公务活动。三是强化预算约束和执行监督。对违规、异常列支费用和突击花钱的行为加大线上监控的力度，对发现的疑点进行日常核查。四是严格支出管理，兜牢"三保"底线。五是强化预算绩效管理。六是严肃财经纪律。强调严肃查处违反财经纪律的行为，明确要求各单位贯彻落实"三重一大"决策制度，将预算管理的各个环节责任明确到人；持续保持财会监督高压态势，防范和查处违规记账、擅自截留、非法挪用等问题，加大通报和处理力度，充分发挥警示震慑作用。

为进一步贯彻落实"过紧日子"精神，提升单位内部管理水平，同时也为方便广大财务人员学习掌握有关政策制度，更好地组织开展行政事业单位预算管理工作，我们对近年来印发的"三公"经费等一般性支出管理有关规章制度进行了整理和汇编。

本书共有9个部分，涵盖了近年来国家关于会议费、差旅费、培训费、咨询费、劳务费、公车管理、公务出国、公务接待和公务卡等方面出台的一系列文件，紧跟最新政策，内容完整全面，具有较强的实用性。本书的出台有助于行政事业单位构建完善财务管理体系，帮助广大财务人员更新知识体系，系统了解、准确把握财务管理政策，不断提高职业判断能力、财务监督能力和预算管理水平，有效指导工作实践。

在本书编写过程中，得到新华通讯社盛罡、中国财政经济出版社尉敏等专家的指导和支持，在此一并感谢。因编者水平有限，难免存在疏漏和不妥之处，敬请读者批评指正。

财会监督制度研究组
2024年9月

目 录

第一部分 综合

1. 中共中央 国务院印发《党政机关厉行节约反对浪费条例》
（2013 年 11 月 18 日 中发〔2013〕13 号） …………… （3）
2. 中央八项规定、六条禁令具体内容 ………………… （20）
3. "三重一大"具体内容 ………………………………… （23）
4. 中共中央办公厅 国务院办公厅印发《关于进一步推进国有企业贯彻落实"三重一大"决策制度的意见》
（2010 年 7 月 15 日 中办发〔2010〕17 号） …………… （24）
5. 财政部关于加强"三公"经费管理严控一般性支出的通知
（2022 年 9 月 24 日 财预〔2022〕126 号） …………… （30）

第二部分 会议费

6. 财政部 国家机关事务管理局 中共中央直属机关事务管理局关于印发《中央和国家机关会议费管理办法》的通知
（2016 年 6 月 29 日 财行〔2016〕214 号） …………… （37）

7. 财政部 国管局 中直管理局关于《中央和国家机关会议费管理办法》的补充通知

（2023 年 5 月 30 日 财行〔2023〕86 号）………… (46)

8. 财政部关于党政机关会议定点场所管理信息系统投入使用的通知

（2017 年 4 月 19 日 财办行〔2017〕72 号）………… (49)

9. 财政部关于印发《党政机关会议定点管理办法》的通知

（2015 年 1 月 13 日 财行〔2015〕1 号）………… (51)

10. 财政部关于印发《在华举办国际会议经费管理办法》的通知

（2015 年 7 月 30 日 财行〔2015〕371 号）………… (57)

11. 中共中央办公厅 国务院办公厅印发《关于严禁党政机关到风景名胜区开会的通知》

（2014 年 9 月 28 日 厅字〔2014〕50 号）………… (66)

12. 关于进一步加强论坛活动规范管理的通知

（2023 年 8 月 7 日 文旅办发〔2023〕81 号）………… (69)

第三部分 差 旅 费

13. 财政部关于印发《中央和国家机关差旅费管理办法》的通知

（2013 年 12 月 31 日 财行〔2013〕531 号）………… (75)

14. 财政部关于印发《中央和国家机关差旅费管理办法有关问题的解答》的通知

（2014 年 9 月 15 日 财办行〔2014〕90 号）………… (84)

15. 财政部关于印发《中央和国家机关工作人员赴地方差旅住宿费标准明细表》的通知

（2016 年 4 月 1 日 财行〔2016〕71 号）………… (88)

16. 财政部关于调整中央和国家机关差旅住宿费标准等有关问题的通知

 （2015 年 9 月 30 日　财行〔2015〕497 号） ………………（94）

17. 财政部办公厅　国管局办公室　中直管理局办公室印发《关于规范差旅伙食费和市内交通费收交管理有关事项的通知》

 （2019 年 7 月 3 日　财办行〔2019〕104 号） ……………（98）

18. 财政部　中国民用航空局关于加强公务机票购买管理有关事项的通知

 （2014 年 4 月 14 日　财库〔2014〕33 号） ………………（100）

19. 财政部　中国民用航空局关于加强公务机票购买管理有关事项的补充通知

 （2014 年 11 月 3 日　财库〔2014〕180 号） ……………（105）

第四部分　培训费

20. 财政部　中共中央组织部　国家公务员局关于印发《中央和国家机关培训费管理办法》的通知

 （2016 年 12 月 27 日　财行〔2016〕540 号） ……………（109）

21. 中共中央组织部关于印发《干部教育培训学员管理规定》的通知

 （2019 年 11 月 28 日　中组发〔2019〕22 号） …………（116）

22. 财政部　中共中央组织部关于停止执行培训年度计划备案及执行情况报告规定的通知

 （2019 年 7 月 29 日　财行〔2019〕231 号） ……………（120）

23. 中共中央印发《干部教育培训工作条例》

 （2023 年 9 月 19 日） ………………………………………（122）

24. 中央党的群众路线教育实践活动领导小组　中共中央组织部　教育部关于严格规范领导干部参加社会化培训有关事项的通知

（2014 年 7 月 31 日　中组发〔2014〕18 号）………… (136)

第五部分　劳务费

25. 财政部关于印发《中央财政科研项目专家咨询费管理办法》的通知

（2017 年 9 月 4 日　财科教〔2017〕128 号）………… (141)

26. 国务院办公厅关于改革完善中央财政科研经费管理的若干意见

（2021 年 8 月 5 日　国办发〔2021〕32 号）………… (145)

27. 财政部　科技部　教育部　发展改革委关于进一步做好中央财政科研项目资金管理等政策贯彻落实工作的通知

（2017 年 3 月 3 日　财科教〔2017〕6 号）………… (154)

28. 财政部　中共中央组织部　国家公务员局关于印发《中央和国家机关培训费管理办法》的通知

（2016 年 12 月 27 日　财行〔2016〕540 号）

（提到师资讲课费，正文详见 109 页）………… (159)

第六部分　公务用车管理

29. 中共中央办公厅、国务院办公厅印发《党政机关公务用车管理办法》

（2017 年 12 月 5 日　中办发〔2017〕71 号）………… (163)

30. 中央公务用车制度改革领导小组关于印发《中央事业单位公务用车制度改革实施意见》的通知

(2015 年 12 月 29 日) ························· (170)

31. 国家机关事务管理局关于印发《中央国家机关所属垂直管理机构 派出机构公务用车管理办法（试行）》的通知

(2019 年 12 月 18 日 国管资〔2019〕372 号) ········· (178)

32. 国管局 中直管理局关于做好中央和国家机关新能源汽车推广使用工作的通知

(2024 年 9 月 27 日 国管资〔2024〕197 号) ········· (181)

33. 国管局 中直管理局关于印发《中央和国家机关所属事业单位公务用车管理办法》的通知

(2024 年 3 月 13 日)①

34. 国管局关于印发《中央国家机关所属事业单位公务用车管理办法（试行）》的通知

(2023 年 9 月 12 日 国管资〔2023〕221 号) ········· (184)

35. 国务院机关事务管理局 中共中央直属机关事务管理局关于印发《在京中央和国家机关公务用车指标管理办法》的通知

(2011 年 4 月 12 日 国管资〔2011〕167 号) ········· (192)

36. 国务院机关事务管理局 中共中央直属机关事务管理局关于印发《中央和国家机关公务用车耗油定额标准（试行）》的通知

(2009 年 1 月 7 日 国管资〔2009〕28 号) ·········· (196)

37. 财政部关于进一步规范和加强中央党政机关所属事业单位公务用车管理的通知

(2024 年 5 月 23 日)②

---

①② 此处只保留文件名，正文略。

第七部分 公务出国

38. 财政部 外交部 监察部等关于印发《加强党政干部因公出国（境）经费管理暂行办法》的通知
（2008年8月5日 财行〔2008〕230号）……………（201）

39. 财政部 外交部关于印发《因公临时出国经费管理办法》的通知（2013年12月20日 财行〔2013〕516号）……（206）

40. 财政部 外专局关于印发《因公短期出国培训费用管理办法》的通知
（2014年2月25日 财行〔2014〕4号）………………（226）

41. 国家外国专家局 财政部关于调整中长期出国（境）培训人员费用开支标准的通知
（2012年7月30日 外专发〔2012〕126号）…………（233）

42. 财政部 外交部关于调整因公临时出国住宿费标准等有关事项的通知
（2017年11月13日 财行〔2017〕434号）…………（237）

43. 中共中央办公厅 国务院办公厅转发中央组织部、中央外办等部门《关于加强和改进教学科研人员因公临时出国管理工作的指导意见》的通知
（2016年5月11日）①

44. 国家外国专家局《关于加强中长期因公出国（境）培训管理工作的意见》
（2015年12月21日 外专发〔2015〕212号）…………（242）

---

① 此处只保留文件名，正文略。

45. 中央办公厅 国务院办公厅转发外交部、中央外办、中央组织部、
　　财政部《关于进一步规范省部级以下国家工作人员因公
　　临时出国的意见》的通知
　　(2013 年 7 月 3 日)①

第八部分　公务接待

46. 中共中央办公厅 国务院办公厅关于印发《党政机关国内公务
　　接待管理规定》的通知
　　(2024 年 1 月 29 日)②

47. 中共中央办公厅　国务院办公厅印发《党政机关国内公务接待
　　管理规定》
　　(2013 年 12 月 1 日　中办发〔2013〕22 号）……………（253）

48. 财政部关于印发《中央和国家机关外宾接待经费管理办法》
　　的通知
　　(2013 年 12 月 31 日　财行〔2013〕533 号）……………（259）

第九部分　公务卡

49. 财政部　中国人民银行关于印发《中央预算单位公务卡管理
　　暂行办法》的通知
　　(2007 年 7 月 12 日　财办库〔2007〕63 号）……………（269）

---

①② 此处只保留文件名，正文略。

50. 财政部　科技部关于中央财政科研项目使用公务卡结算
有关事项的通知

（2015 年 12 月 31 日　财库〔2015〕245 号）……………（279）

51. 财政部　中国人民银行关于加快推进公务卡制度改革的通知

（2012 年 9 月 5 日　财库〔2012〕132 号）………………（282）

52. 财政部关于实施中央预算单位公务卡强制结算目录的通知

（2011 年 11 月 25 日　财库〔2011〕160 号）……………（286）

第一部分 综 合

中共中央 国务院印发《党政机关厉行节约反对浪费条例》

(2013年11月18日 中发〔2013〕13号)

第一章 总 则

第一条 为了进一步弘扬艰苦奋斗、勤俭节约的优良作风，推进党政机关厉行节约反对浪费，建设节约型机关，根据国家有关法律法规和中央有关规定，制定本条例。

第二条 本条例适用于党的机关、人大机关、行政机关、政协机关、审判机关、检察机关，以及工会、共青团、妇联等人民团体和参照公务员法管理的事业单位。

第三条 本条例所称浪费，是指党政机关及其工作人员违反规定进行不必要的公务活动，或者在履行公务中超出规定范围、标准和要求，不当使用公共资金、资产和资源，给国家和社会造成损失的行为。

第四条 党政机关厉行节约反对浪费，应当遵循下列原则：坚持从严从简，勤俭办一切事业，降低公务活动成本；坚持依法依规，遵守国家法律法规和党内法规制度的相关规定，严格按程序办事；坚持总量控制，科学设定相关标准，严格控制经费支出总额，加强厉行节约绩效考评；坚持实事求是，从实际出发安排公务活动，取消不必要的公务活动，保证正常公务活动；坚持公开透明，除涉及国家秘密事项外，公务活动中的资金、资产、资源使用等情况应予公开，接受各方面监督；坚持深化改革，通过改革创新破解体制机制障碍，建立健全厉行节约反对浪费工作长效机制。

第五条 中共中央办公厅、国务院办公厅负责统筹协调、指导检查全国党政机关厉行节约反对浪费工作，建立协调联络机制承办具体事务。地方各级党委办公厅（室）、政府办公厅（室）负责指导检查本地区党政机关厉行节约反对浪费工作。

纪检监察机关和组织人事、宣传、外事、发展改革、财政、审计、机关事务管理等部门根据职责分工，依法依规履行对厉行节约反对浪费相关工作的管理、监督等职责。

第六条 各级党委和政府应当加强对厉行节约反对浪费工作的组织领导。党政机关领导班子主要负责人对本地区、本部门、本单位的厉行节约反对浪费工作负总责，其他成员根据工作分工，对职责范围内的厉行节约反对浪费工作负主要领导责任。

第二章 经费管理

第七条 党政机关应当加强预算编制管理，按照综合预算的要求，将各项收入和支出全部纳入部门预算。

党政机关依法取得的罚没收入、行政事业性收费、政府性基金、国有资产收益和处置等非税收入，必须按规定及时足额上缴国库，严禁以任何形式隐瞒、截留、挤占、挪用、坐支或者私分，严禁转移到机关所属工会、培训中心、服务中心等单位账户使用。

第八条 党政机关应当遵循先有预算、后有支出的原则，严格执行预算，严禁超预算或者无预算安排支出，严禁虚列支出、转移或者套取预算资金。

严格控制国内差旅费、因公临时出国（境）费、公务接待费、公务用车购置及运行费、会议费、培训费等支出。年度预算执行中不予追加，因特殊需要确需追加的，由财政部门审核后按程序报批。

建立预算执行全过程动态监控机制，完善预算执行管理办法，建立健全预算绩效管理体系，增强预算执行的严肃性，提高预算执行的准确率，防止年底突击花钱等现象发生。

第九条 推进政府会计改革，进一步健全会计制度，准确核算机关运行经费，全面反映行政成本。

第十条 财政部门应当会同有关部门，根据国内差旅、因公临时出国（境）、公务接待、会议、培训等工作特点，综合考虑经济发展水平、有关货物和服务的市场价格水平，制定分地区的公务活动经费开支范围和开支标准。

加强相关开支标准之间的衔接，建立开支标准调整机制，定期根据有关货物和服务的市场价格变动情况调整相关开支标准，增强开支标准的协调性、规范性、科学性。

严格开支范围和标准，严格支出报销审核，不得报销任何超范围、超标准以及与相关公务活动无关的费用。

第十一条 全面实行公务卡制度。健全公务卡强制结算目录，党政机关国内发生的公务差旅费、公务接待费、公务用车购置及运行费、会议费、培训费等经费支出，除按规定实行财政直接支付或者银行转账外，应当使用公务卡结算。

第十二条 党政机关采购货物、工程和服务，应当遵循公开透明、公平竞争、诚实信用原则。

政府采购应当依法完整编制采购预算，严格执行经费预算和资产配置标准，合理确定采购需求，不得超标准采购，不得超出办公需要采购服务。

严格执行政府采购程序，不得违反规定以任何方式和理由指定或者变相指定品牌、型号、产地。采购公开招标数额标准以上的货物、工程和服务，应当进行公开招标，确需改变采购方式的，应当严格执行有关公示和审批程序。列入政府集中采购目录范围的，应当委托集中采购机构代理采购，并逐步实行批量集中采购。严格控制协议供货采购的数量和规模，不得以协议供货拆分项目的方式规避公开招标。

党政机关应当按照政府采购合同规定的采购需求组织验收。政府采购监督管理部门应当逐步建立政府采购结果评价制度，对政府采购的资金节约、政策效能、透明程度以及专业化水平进行综合、客观评价。

加快政府采购管理交易平台建设，推进电子化政府采购。

第三章　国内差旅和因公临时出国（境）

第十三条　党政机关应当建立健全并严格执行国内差旅内部审批制度，从严控制国内差旅人数和天数，严禁无明确公务目的的差旅活动，严禁以公务差旅为名变相旅游，严禁异地部门间无实质内容的学习交流和考察调研。

第十四条　国内差旅人员应当严格按规定乘坐交通工具、住宿、就餐，费用由所在单位承担。

差旅人员住宿、就餐由接待单位协助安排的，必须按标准交纳住宿费、餐费。差旅人员不得向接待单位提出正常公务活动以外的要求，不得接受礼金、礼品和土特产品等。

第十五条 统筹安排年度因公临时出国计划，严格控制团组数量和规模，不得安排照顾性、无实质内容的一般性出访，不得安排考察性出访，严禁集中安排赴热门国家和地区出访，严禁以各种名义变相公款出国旅游。严格执行因公临时出国限量管理规定，不得把出国作为个人待遇、安排轮流出国。严格控制跨地区、跨部门团组。

组织、外专等有关部门应当加强出国培训总体规划和监督管理，严格控制出国培训规模，科学设置培训项目，择优选派培训对象，提高出国培训的质量和实效。

第十六条 外事管理部门应当加强因公临时出国审核审批管理，对违反规定、不适合成行的团组予以调整或者取消。

加强因公临时出国经费预算总额控制，严格执行经费先行审核制度。无出国经费预算安排的不予批准，确有特殊需要的，按规定程序报批。严禁违反规定使用出国经费预算以外资金作为出国经费，严禁向所属单位、企业、我国驻外机构等摊派或者转嫁出国费用。

第十七条 出国团组应当按规定标准安排交通工具和食宿，不得违反规定乘坐民航包机，不得乘坐私人、企业和外国航空公司包机，不得安排超标准住房和用车，不得擅自增加出访国家或者地区，不得擅自绕道旅行，不得擅自延长在国外停留时间。

出国期间，不得与我国驻外机构和其他中资机构、企业之间用公款互赠礼品或者纪念品，不得用公款相互宴请。

第十八条 严格根据工作需要编制出境计划，加强因公出境审批和管理，不得安排出境考察，不得组织无实质内容的调研、会议、培训等活动。

严格遵守因公出境经费预算、支出、使用、核算等财务制度，不得接受超标准接待和高消费娱乐，不得接受礼金、贵重礼品、有价证券、支付凭证等。

第四章　公务接待

第十九条　建立健全国内公务接待集中管理制度。党政机关公务接待管理部门应当加强对国内公务接待工作的管理和指导。

第二十条　党政机关应当建立公务接待审批控制制度，对无公函的公务活动不予接待，严禁将非公务活动纳入接待范围。

第二十一条　党政机关应当严格执行国内公务接待标准，实行接待费支出总额控制制度。

接待单位应当严格按标准安排接待对象的住宿用房，协助安排用餐的按标准收取餐费，不得在接待费中列支应当由接待对象承担的费用，不得以举办会议、培训等名义列支、转移、隐匿接待费开支。

建立国内公务接待清单制度，如实反映接待对象、公务活动、接待费用等情况。接待清单作为财务报销的凭证之一并接受审计。

第二十二条　外宾接待工作应当遵循服务外交、友好对等、务实节俭的原则。外宾邀请单位应当严格按照有关规定安排接待活动，从严从紧控制外宾团组和接待费用。

第二十三条　有关部门和地方应当参照国内公务接待标准，制定招商引资等活动的接待办法，严格审批，强化管理，严禁超规格、超标准接待，严禁扩大接待范围、增加接待项目，严禁以招商引资等名义变相安排公务接待。

第二十四条　党政机关不得以任何名义新建、改建、扩建所属宾馆、招待所等具有接待功能的设施或者场所。

建立接待资源共享机制，推进机关所属接待、培训场所的集中统一管理和利用。健全服务经营机制，推行机关所属接待、培训场所企业化管理，降低服务经营成本。

积极推进国内公务接待服务社会化改革，有效利用社会资源为国内公务接待提供住宿、餐饮、用车等服务。

第五章 公务用车

第二十五条 坚持社会化、市场化方向，改革公务用车制度，合理有效配置公务用车资源，创新公务交通分类提供方式，保障公务出行，降低行政成本，建立符合国情的新型公务用车制度。

改革公务用车实物配给方式，取消一般公务用车，保留必要的执法执勤、机要通信、应急和特种专业技术用车及按规定配备的其他车辆。普通公务出行由公务人员自主选择，实行社会化提供。取消的一般公务用车，采取公开招标、拍卖等方式公开处置。

适度发放公务交通补贴，不得以车改补贴的名义变相发放福利。

第二十六条 党政机关应当从严配备实行定向化保障的公务用车，不得以特殊用途等理由变相超编制、超标准配备公务用车，不得以任何方式换用、借用、占用下属单位或者其他单位和个人的车辆，不得接受企事业单位和个人赠送的车辆。

严格按规定配备专车，不得擅自扩大专车配备范围或者变相配备专车。

从严控制执法执勤用车的配备范围、编制和标准。执法执勤用车配备应当严格限制在一线执法执勤岗位，机关内部管理和后勤岗位以及机关所属事业单位一律不得配备。

第二十七条 公务用车实行政府集中采购，应当选用国产汽车，优先选用新能源汽车。

公务用车严格按照规定年限更新，已到更新年限尚能继续使用的应当继续使用，不得因领导干部职务晋升、调任等原因提前更新。

公务用车保险、维修、加油等实行政府采购，降低运行成本。

第二十八条 除涉及国家安全、侦查办案等有保密要求的特殊工作用车外，执法执勤用车应当喷涂明显的统一标识。

第二十九条 根据公务活动需要，严格按规定使用公务用车，严禁以任何理由挪用或者固定给个人使用执法执勤、机要通信等公务用车，领导干部亲属和身边工作人员不得因私使用配备给领导干部的公务用车。

第六章 会议活动

第三十条 党政机关应当精简会议，严格执行会议费开支范围和标准。

党政机关会议实行分类管理、分级审批。财政部门应当会同机关事务管理等部门制定本级党政机关会议费管理办法，从严控制会议数量、会期和参会人员规模。完善并严格执行严禁党政机关到风景名胜区开会制度规定。

第三十一条 会议召开场所实行政府采购定点管理。会议住宿用房以标准间为主，用餐安排自助餐或者工作餐。

会议期间，不得安排宴请，不得组织旅游以及与会议无关的参观活动，不得以任何名义发放纪念品。

完善会议费报销制度。未经批准以及超范围、超标准开支的会议费用，一律不予报销。严禁违规使用会议费购置办公设备，严禁列支公务接待费等与会议无关的任何费用,严禁套取会议资金。

第三十二条 建立健全培训审批制度,严格控制培训数量、时间、规模,严禁以培训名义召开会议。

严格执行分类培训经费开支标准,严格控制培训经费支出范围,严禁在培训经费中列支公务接待费、会议费等与培训无关的任何费用。严禁以培训名义进行公款宴请、公款旅游活动。

第三十三条 未经批准,党政机关不得以公祭、历史文化、特色物产、单位成立、行政区划变更、工程奠基或者竣工等名义举办或者委托、指派其他单位举办各类节会、庆典活动,不得举办论坛、博览会、展会活动。严禁使用财政性资金举办营业性文艺晚会。从严控制举办大型综合性运动会和各类赛会。

经批准的节会、庆典、论坛、博览会、展会、运动会、赛会等活动,应当严格控制规模和经费支出,不得向下属单位摊派费用,不得借举办活动发放各类纪念品,不得超出规定标准支付费用邀请名人、明星参与活动。为举办活动专门配备的设备在活动结束后应当及时收回。

第三十四条 严格控制和规范各类评比达标表彰活动,实行中央和省(自治区、直辖市)两级审批制度。评比达标表彰项目费用由举办单位承担,不得以任何方式向相关单位和个人收取费用。

第七章 办公用房

第三十五条 党政机关办公用房建设应当从严控制。凡是违反规定的拟建办公用房项目,必须坚决终止;凡是未按照规定程序履行审批手续、擅自开工建设的办公用房项目,必须停建并予以没收;凡是超规模、超标准、超投资概算建设的办公用房项目,应当根据具体情况限期腾退超标准面积或者全部没收、拍卖。

党政机关办公用房应当严格管理，推进办公用房资源的公平配置和集约使用。凡是超过规定面积标准占有、使用办公用房以及未经批准租用办公用房的，必须腾退；凡是未经批准改变办公用房使用功能的，原则上应当恢复原使用功能。严禁出租出借办公用房，已经出租出借的，到期必须收回；租赁合同未到期的，租金收入应当按照收支两条线管理。

第三十六条 党政机关新建、改建、扩建、购置、置换、维修改造、租赁办公用房，必须严格按规定履行审批程序。采取置换方式配给办公用房的，应当执行新建办公用房各项标准，不得以未使用政府预算建设资金、资产整合等名义规避审批。

第三十七条 党政机关办公用房建设项目应当按照朴素、实用、安全、节能原则，严格执行办公用房建设标准、单位综合造价标准和公共建筑节能设计标准，符合土地利用和城市规划要求。党政机关办公楼不得追求成为城市地标建筑，严禁配套建设大型广场、公园等设施。

第三十八条 党政机关办公用房建设项目投资，统一由政府预算建设资金安排。土地收益和资产转让收益应当按照有关规定实行收支两条线管理，不得直接用于办公用房建设。

党政机关办公用房维修改造项目所需投资，统一列入预算由财政资金安排解决，未经审批的项目不得安排预算。

第三十九条 办公用房建设应当严格执行工程招投标和政府采购有关规定，加强对工程项目的全过程监理和审计监督。加快推行办公用房建设项目代建制。

办公用房因使用时间较长、设施设备老化、功能不全，不能满足办公需求的，可以进行维修改造。维修改造项目应当以消除安全隐患、恢复和完善使用功能、降低能源资源消耗为重点，严格履行审批程序，严格执行维修改造标准。

第四十条 建立健全办公用房集中统一管理制度，对办公用房实行统一调配、统一权属登记。

党政机关应当严格按照有关标准和本单位"三定"方案，从严核定、使用办公用房。超标部分应当移交同级机关事务管理部门用于统一调剂。

新建、调整办公用房的单位，应当按照"建新交旧"、"调新交旧"的原则，在搬入新建或者新调整办公用房的同时，将原办公用房腾退移交机关事务管理部门统一调剂使用。

因机构增设、职能调整确需增加办公用房的，应当在本单位现有办公用房中解决；本单位现有办公用房不能满足需要的，由机关事务管理部门整合办公用房资源调剂解决；无法调剂、确需租用解决的，应当严格履行报批手续，不得以变相补偿方式租用由企业等单位提供的办公用房。

第四十一条 党政机关领导干部应当按照标准配置使用一处办公用房，确因工作需要另行配置办公用房的，应当严格履行审批程序。领导干部不得长期租用宾馆、酒店房间作为办公用房。配置使用的办公用房，在退休或者调离时应当及时腾退并由原单位收回。

第八章 资源节约

第四十二条 党政机关应当节约集约利用资源，加强全过程节约管理，提高能源、水、粮食、办公家具、办公设备、办公用品等的利用效率和效益，统筹利用土地，杜绝浪费行为。

第四十三条 对能源、水的使用实行分类定额和目标责任管理。推广应用节能技术产品，淘汰高耗能设施设备，重点推广应用新能源和可再生能源。积极使用节水型器具，建设节水型单位。

健全节能产品政府采购政策，严格执行节能产品政府强制采购和优先采购制度。

第四十四条 优化办公家具、办公设备等资产的配置和使用，通过调剂方式盘活存量资产，节约购置资金。已到更新年限尚能继续使用的，不得报废处置。

对产生的非涉密废纸、废弃电器电子产品等废旧物品进行集中回收处理，促进循环利用；涉及国家秘密的，按照有关保密规定进行销毁。

第四十五条 党政机关政务信息系统建设应当统筹规划，统一组织实施，防止重复建设和频繁升级。

建立共享共用机制，加强资源整合，推动重要政务信息系统互联互通、信息共享和业务协同，降低软件开发、系统维护和升级等方面费用，防止资源浪费。

积极利用信息化手段，推行无纸化办公，减少一次性办公用品消耗。

第九章　宣传教育

第四十六条 宣传部门应当把厉行节约反对浪费作为重要宣传内容，充分发挥各级各类媒体作用，重视运用互联网等新兴媒体，通过新闻报道、文化作品、公益广告等形式，广泛宣传中华民族勤俭节约的优秀品德，宣传阐释相关制度规定，宣传推广厉行节约的经验做法和先进典型，倡导绿色低碳消费理念和健康文明生活方式。

第四十七条 党政机关应当把加强厉行节约反对浪费教育作为作风建设的重要内容,融入干部队伍建设和机关日常管理之中,建立健全常态化工作机制。对各种铺张浪费现象和行为,应当严肃批评、督促改正。

纪检监察机关应当不定期曝光铺张浪费的典型案例,发挥警示教育作用。

组织人事部门和党校、行政学院、干部学院应当把厉行节约反对浪费作为干部教育培训的重要内容,创新教育方法,切实增强教育培训的针对性和实效性。

第四十八条 党政机关应当围绕建设节约型机关,组织开展形式多样、便于参与的活动,引导干部职工增强节约意识、珍惜物力财力,积极培育和形成崇尚节约、厉行节约、反对浪费的机关文化,为在全社会形成节俭之风发挥示范表率作用。

第十章 监督检查

第四十九条 各级党委和政府应当建立厉行节约反对浪费监督检查机制,明确监督检查的主体、职责、内容、方法、程序等,加强经常性督促检查,针对突出问题开展重点检查、暗访等专项活动。

下级党委和政府应当每年向上级党委和政府报告本地区厉行节约反对浪费工作情况,党委和政府所属部门、单位应当每年向本级党委和政府报告本部门、本单位厉行节约反对浪费工作情况。报告可结合领导班子年度考核和工作报告一并进行。

第五十条 领导干部厉行节约反对浪费工作情况,应当列为领导班子民主生活会和领导干部述职述廉的重要内容并接受评议。

第五十一条 党委办公厅(室)、政府办公厅(室)负责统筹协调相关部门开展对厉行节约反对浪费工作的督促检查。每年至少组织开展一次专项督查，并将督查情况在适当范围内通报。专项督查可以与党风廉政建设责任制检查考核、年终党建工作考核等相结合，督查考核结果应当按照干部管理权限送纪检监察机关和组织人事部门，作为干部管理监督、选拔任用的依据。

第五十二条 纪检监察机关应当加强对厉行节约反对浪费工作的监督检查，受理群众举报和有关部门移送的案件线索，及时查处违纪违法问题。

中央和省、自治区、直辖市党委巡视组应当按照有关规定，加强对有关党组织领导班子及其成员厉行节约反对浪费工作情况的巡视监督。

第五十三条 财政部门应当加强对党政机关预算编制、执行等财政、财务、政府采购和会计事项的监督检查，依法处理发现的违规问题，并及时向本级党委和政府汇报监督检查结果。

审计部门应当加大对党政机关公务支出和公款消费的审计力度，依法处理、督促整改违规问题，并将涉嫌违纪违法问题移送有关部门查处。

第五十四条 党政机关应当建立健全厉行节约反对浪费信息公开制度。除依照法律法规和有关要求须保密的内容和事项外，下列内容应当按照及时、方便、多样的原则，以适当方式进行公开：

（一）预算和决算信息；

（二）政府采购文件、采购预算、中标成交结果、采购合同等情况；

（三）国内公务接待的批次、人数、经费总额等情况；

（四）会议的名称、主要内容、支出金额等情况；

（五）培训的项目、内容、人数、经费等情况；

（六）节会、庆典、论坛、博览会、展会、运动会、赛会等活动举办信息；

（七）办公用房建设、维修改造、使用、运行费用支出等情况；

（八）公务支出和公款消费的审计结果；

（九）其他需要公开的内容。

第五十五条 推动和支持人民代表大会及其常务委员会依法严格审查批准党政机关公务支出预算，加强对预算执行情况的监督。发挥人大代表的监督作用，通过提出意见、建议、批评以及询问、质询等方式加强对党政机关厉行节约反对浪费工作的监督。

支持人民政协对党政机关厉行节约反对浪费工作的监督，自觉接受并积极支持政协委员通过调研、视察、提案等方式加强对党政机关厉行节约反对浪费工作的监督。

第五十六条 重视各级各类媒体在厉行节约反对浪费方面的舆论监督作用。建立舆情反馈机制，及时调查处理媒体曝光的违规违纪违法问题。

发挥群众对党政机关及其工作人员铺张浪费行为的监督作用，认真调查处理群众反映的问题。

第十一章 责任追究

第五十七条 建立党政机关厉行节约反对浪费工作责任追究制度。

对违反本条例规定造成浪费的，应当依纪依法追究相关人员的责任，对负有领导责任的主要负责人或者有关领导干部实行问责。

第五十八条 有下列情形之一的，追究相关人员的责任：

（一）未经审批列支财政性资金的；

（二）采取弄虚作假等手段违规取得审批的；

（三）违反审批要求擅自变通执行的；

（四）违反管理规定超标准或者以虚假事项开支的；

（五）利用职务便利假公济私的；

（六）有其他违反审批、管理、监督规定行为的。

第五十九条 有下列情形之一的，追究主要负责人或者有关领导干部的责任：

（一）本地区、本部门、本单位铺张浪费、奢侈奢华问题严重，对发现的问题查处不力，干部群众反映强烈的；

（二）指使、纵容下属单位或者人员违反本条例规定造成浪费的；

（三）不履行内部审批、管理、监督职责造成浪费的；

（四）不按规定及时公开本地区、本部门、本单位有关厉行节约反对浪费工作信息的；

（五）其他对铺张浪费问题负有领导责任的。

第六十条 违反本条例规定造成浪费的，根据情节轻重，由有关部门依照职责权限给予批评教育、责令作出检查、诫勉谈话、通报批评或者调离岗位、责令辞职、免职、降职等处理。

应当追究党纪政纪责任的，依照《中国共产党纪律处分条例》、《行政机关公务员处分条例》等有关规定给予相应的党纪政纪处分。

涉嫌违法犯罪的，依法追究法律责任。

第六十一条 违反本条例规定获得的经济利益，应当予以收缴或者纠正。

违反本条例规定，用公款支付、报销应由个人支付的费用，应当责令退赔。

第六十二条 受到责任追究的人员对处理决定不服的，可以按照相关规定向有关机关提出申诉。受理申诉机关应当依据有关规定认真受理并作出结论。

申诉期间，不停止处理决定的执行。

第十二章 附 则

第六十三条 各省、自治区、直辖市党委和政府，中央和国家机关各部委，可以根据本条例，结合实际制定实施细则。有关职能部门应当根据各自职责，制定完善相关配套制度。

国有企业、国有金融企业、不参照公务员法管理的事业单位，参照本条例执行。

中国人民解放军和中国人民武装警察部队按照军队有关规定执行。

第六十四条 本条例由中共中央办公厅、国务院办公厅会同有关部门负责解释。

第六十五条 本条例自发布之日起施行。1997年5月25日发布的《中共中央、国务院关于党政机关厉行节约制止奢侈浪费行为的若干规定》同时废止。其他有关党政机关厉行节约反对浪费的规定，凡与本条例不一致的，按照本条例执行。

中央八项规定、六条禁令具体内容

中共中央政治局 2012 年 12 月 4 日召开会议，审议中央政治局关于改进工作作风、密切联系群众的八项规定，分析研究 2013 年经济工作。中共中央总书记习近平主持会议。会议一致同意关于改进工作作风、密切联系群众的八项规定。

关于改进工作作风、密切联系群众的八项规定

（2012 年 12 月 4 日）

一、要改进调查研究，到基层调研要深入了解真实情况，总结经验、研究问题、解决困难、指导工作，向群众学习、向实践学习，多同群众座谈，多同干部谈心，多商量讨论，多解剖典型，多到困难和矛盾集中、群众意见多的地方去，切忌走过场、搞形式主义；要轻车简从、减少陪同、简化接待，不张贴悬挂标语横幅，不安排群众迎送，不铺设迎宾地毯，不摆放花草，不安排宴请。

二、要精简会议活动，切实改进会风，严格控制以中央名义召开的各类全国性会议和举行的重大活动，不开泛泛部署工作和提要求的会，未经中央批准一律不出席各类剪彩、奠基活动和庆祝会、

纪念会、表彰会、博览会、研讨会及各类论坛；提高会议实效，开短会、讲短话，力戒空话、套话。

三、要精简文件简报，切实改进文风，没有实质内容、可发可不发的文件、简报一律不发。

四、要规范出访活动，从外交工作大局需要出发合理安排出访活动，严格控制出访随行人员，严格按照规定乘坐交通工具，一般不安排中资机构、华侨华人、留学生代表等到机场迎送。

五、要改进警卫工作，坚持有利于联系群众的原则，减少交通管制，一般情况下不得封路、不清场闭馆。

六、要改进新闻报道，中央政治局同志出席会议和活动应根据工作需要、新闻价值、社会效果决定是否报道，进一步压缩报道的数量、字数、时长。

七、要严格文稿发表，除中央统一安排外，个人不公开出版著作、讲话单行本，不发贺信、贺电，不题词、题字。

八、要厉行勤俭节约，严格遵守廉洁从政有关规定，严格执行住房、车辆配备等有关工作和生活待遇的规定。

六项禁令

（2013年1月）

一、严禁用公款搞相互走访、送礼、宴请等拜年活动。各地各部门要大力精简各种茶话会、联欢会，严格控制年终评比达标表彰活动，单位之间不搞节日慰问活动，未经批准不得举办各类节日庆典活动。上下级之间、部门之间、单位之间、单位内部一律不准用公款送礼、宴请。各地都不准到省、市机关所在地举办乡情恳谈会、茶话会、团拜会等活动，已有安排的，必须取消。各级党政干部一律不准接受下属单位安排的宴请，未经批准不准参与下属单位的节日庆典活动。

二、严禁向上级部门赠送土特产。各地各部门各单位一律不准以任何理由和形式向上级部门赠送土特产，包括各种提货券。各级党政干部不得以任何理由，包括下基层调研等收受下属单位赠送的土特产和提货券。各级党政机关要严格纪律要求，加强管理，杜绝在机关收受和分发土特产的情况发生。

三、严禁违反规定收送礼品、礼金、有价证券、支付凭证和商业预付卡。各级领导干部一定要严格把关，严于律己，要坚决拒收可能影响公正执行公务的礼品、礼金、有价证券、支付凭证和商业预付卡，严禁利用婚丧嫁娶等事宜借机敛财。

四、严禁滥发钱物，讲排场、比阔气，搞铺张浪费。各地各部门不准以各种名义年终突击花钱和滥发津贴、补贴、奖金和实物；不准违反规定印制、发售、购买和使用各种代币购物券（卡）；不准借用各种名义组织和参与用公款支付的高消费娱乐、健身活动；不准用公款组织游山玩水、安排私人度假旅游、出国（境）旅游等活动；不准违反规定使用公车、在节日期间公车私用。

五、严禁超标准接待。领导干部下基层调研、参加会议、检查工作等，要严格按照中央和省委的有关要求执行。

六、严禁组织和参与赌博活动。各级党员干部一定要充分认识赌博的严重危害性，绝不组织和参与任何形式的赌博活动。

"三重一大"具体内容

"三重一大"最早源于1996年第十四届中央纪委第六次全会公报,对党员领导干部在政治纪律方面提出的四条要求的第二条纪律要求。具体表述如下:认真贯彻民主集中制原则,凡属重大决策、重要干部任免、重要项目安排和大额度资金的使用,必须经集体讨论作出决定。

中共中央办公厅 国务院办公厅印发《关于进一步推进国有企业贯彻落实"三重一大"决策制度的意见》

(2010年7月15日 中办发〔2010〕17号)

为全面贯彻党的十七大和十七届四中全会精神，切实加强国有企业反腐倡廉建设，进一步促进国有企业领导人员廉洁从业，规范决策行为，提高决策水平，防范决策风险，保证国有企业科学发展，按照中央关于凡属重大决策、重要人事任免、重大项目安排和大额度资金运作（简称"三重一大"）事项必须由领导班子集体作出决定的要求，现就进一步推进国有企业贯彻落实"三重一大"决策制度提出如下意见。

一、指导思想和基本原则

（一）高举中国特色社会主义伟大旗帜，以邓小平理论和"三个代表"重要思想为指导，深入贯彻落实科学发展观，根据《建立健全惩治和预防腐败体系2008—2012年工作规划》部署，落实《国有企业领导人员廉洁从业若干规定》要求，以明确决策范围、规范决策程序、强化监督检查和责任追究为重点，进一步推进国有企业

"三重一大"决策制度的贯彻落实。

（二）"三重一大"事项坚持集体决策原则。国有企业应当健全议事规则，明确"三重一大"事项的决策规则和程序，完善群众参与、专家咨询和集体决策相结合的决策机制。国有企业党委（党组）、董事会、未设董事会的经理班子等决策机构要依据各自的职责、权限和议事规则，集体讨论决定"三重一大"事项，防止个人或少数人专断。要坚持务实高效，保证决策的科学性；充分发扬民主，广泛听取意见，保证决策的民主性；遵守国家法律法规、党内法规和有关政策，保证决策合法合规。

二、"三重一大"事项的主要范围

（三）重大决策事项，是指依照《中华人民共和国公司法》、《中华人民共和国全民所有制工业企业法》、《中华人民共和国企业国有资产法》、《中华人民共和国商业银行法》、《中华人民共和国证券法》、《中华人民共和国保险法》以及其他有关法律法规和党内法规规定的应当由股东大会（股东会）、董事会、未设董事会的经理班子、职工代表大会和党委（党组）决定的事项。主要包括企业贯彻执行党和国家的路线方针政策、法律法规和上级重要决定的重大措施，企业发展战略、破产、改制、兼并重组、资产调整、产权转让、对外投资、利益调配、机构调整等方面的重大决策，企业党的建设和安全稳定的重大决策，以及其他重大决策事项。

（四）重要人事任免事项，是指企业直接管理的领导人员以及其他经营管理人员的职务调整事项。主要包括企业中层以上经营管理人员和下属企业、单位领导班子成员的任免、聘用、解除聘用和后备人选的确定，向控股和参股企业委派股东代表，推荐董事会、监事会成员和经理、财务负责人，以及其他重要人事任免事项。

（五）重大项目安排事项，是指对企业资产规模、资本结构、盈利能力以及生产装备、技术状况等产生重要影响的项目的设立和安排。主要包括年度投资计划，融资、担保项目，期权、期货等金融衍生业务，重要设备和技术引进，采购大宗物资和购买服务，重大工程建设项目，以及其他重大项目安排事项。

（六）大额度资金运作事项，是指超过由企业或者履行国有资产出资人职责的机构所规定的企业领导人员有权调动、使用的资金限额的资金调动和使用。主要包括年度预算内大额度资金调动和使用，超预算的资金调动和使用，对外大额捐赠、赞助，以及其他大额度资金运作事项。

三、"三重一大"事项决策的基本程序

（七）"三重一大"事项提交会议集体决策前应当认真调查研究，经过必要的研究论证程序，充分吸收各方面意见。重大投资和工程建设项目，应当事先充分听取有关专家的意见。重要人事任免，应当事先征求国有企业和履行国有资产出资人职责机构的纪检监察机构的意见。研究决定企业改制以及经营管理方面的重大问题、涉及职工切身利益的重大事项、制定重要的规章制度，应当听取企业工会的意见，并通过职工代表大会或者其他形式听取职工群众的意见和建议。

（八）决策事项应当提前告知所有参与决策人员，并为所有参与决策人员提供相关材料。必要时，可事先听取反馈意见。

（九）党委（党组）、董事会、未设董事会的经理班子应当以会议的形式，对职责权限内的"三重一大"事项作出集体决策。不得

以个别征求意见等方式作出决策。紧急情况下由个人或少数人临时决定的，应在事后及时向党委（党组）、董事会或未设董事会的经理班子报告；临时决定人应当对决策情况负责，党委（党组）、董事会或未设董事会的经理班子应当在事后按程序予以追认。经董事会授权，经理班子决策"三重一大"事项的，按照本意见执行。

（十）决策会议符合规定人数方可召开。与会人员要充分讨论并分别发表意见，主要负责人应当最后发表结论性意见。会议决定多个事项时，应逐项研究决定。若存在严重分歧，一般应当推迟作出决定。

（十一）会议决定的事项、过程、参与人及其意见、结论等内容，应当完整、详细记录并存档备查。

（十二）决策作出后，企业应当及时向履行国有资产出资人职责的机构报告有关决策情况；企业负责人应当按照分工组织实施，并明确落实部门和责任人。参与决策的个人对集体决策有不同意见，可以保留或者向上级反映，但在没有作出新的决策前，不得擅自变更或者拒绝执行。如遇特殊情况需对决策内容作重大调整，应当重新按规定履行决策程序。

（十三）董事会、未设董事会的经理班子研究"三重一大"事项时，应事先与党委（党组）沟通，听取党委（党组）的意见。进入董事会、未设董事会的经理班子的党委（党组）成员，应当贯彻党组织的意见或决定。企业党组织要团结带领全体党员和广大职工群众，推动决策的实施，并对实施中发现的与党和国家方针政策、法律法规不符或脱离实际的情况及时提出意见，如得不到纠正，应当向上级反映。

（十四）建立"三重一大"事项决策的回避制度；建立对决策

的考核评价和后评估制度，逐步健全决策失误纠错改正机制和责任追究制度。

四、组织实施和监督检查

（十五）国有企业党委（党组）书记、董事长、未设董事会的总经理（总裁）为本企业实施本意见的主要责任人。

（十六）国有企业应当依据本意见制定具体的实施办法，报履行国有资产出资人职责的机构审查批准。履行国有资产出资人职责的机构，在制定或审批国有企业章程时，应当根据本意见明确相关要求。

（十七）履行国有资产出资人职责的机构应当对国有企业制定的"三重一大"事项范围是否全面科学、决策程序是否严密、责任追究措施是否有效进行严格审查，予以批准的，应当在批准后监督其实施。

（十八）纪检监察机关应当督促指导履行国有资产出资人职责机构的纪检监察机构，切实加强对所管辖的国有企业贯彻落实"三重一大"决策制度情况的监督检查。

（十九）国有企业的纪检监察机构在依照《国有企业领导人员廉洁从业若干规定》的规定，结合年度考核进行监督检查，作出评估，并向企业党组织和上级纪检监察机构报告时，应当将国有企业领导人员执行"三重一大"决策制度的情况作为重点内容。

（二十）"三重一大"决策制度的执行情况，应当作为巡视、党风廉政建设责任制考核的重要内容和企业领导人员经济责任审计的重点事项；作为民主生活会、企业领导人员述职述廉的重要内容；作为厂务公开的重要内容，除按照国家法律法规和有关政策应当保密的事项外，在适当范围内公开。

（二十一）组织人事部门、履行国有资产出资人职责的机构和审计机关，应当将"三重一大"决策制度的执行情况，作为对企业领导人员考察、考核的重要内容和任免以及经济责任履行情况审计评价的重要依据。

（二十二）国有企业领导人员违反"三重一大"决策制度的，应当依照《国有企业领导人员廉洁从业若干规定》和相关法律法规给予相应的处理，违反规定获取的不正当经济利益，应当责令清退；给国有企业造成经济损失的，应当承担经济赔偿责任。

（二十三）本意见适用于国有和国有控股企业（含国有和国有控股金融机构）

财政部关于加强"三公"经费管理严控一般性支出的通知

(2022年9月24日　财预〔2022〕126号)

各中央预算单位,各省、自治区、直辖市、计划单列市财政厅(局),新疆生产建设兵团财政局:

坚持党政机关过紧日子是党中央、国务院的明确要求,是建设高效廉洁政府的重要内容,也是缓解当前财政收支矛盾的客观需要。近年来,各地区各部门严格落实过紧日子要求,不断优化财政支出结构,大力压缩一般性支出,取得明显成效。但是,仍有个别地区或部门未严格控制一般性支出,出现"三公"经费不降反增、年底突击花钱等问题。为进一步加强"三公"经费管理,严控一般性支出,现就有关事项通知如下:

一、加强预算编制源头管理。建立健全"三公"经费和一般性支出审核机制,加强有关支出必要性、合理性审核,坚决取消无实质内容的因公出国(境)等活动,压缩公务接待数量和费用预算,严控公务用车购置和运行维护支出。2023年中央部门"三公"经费财政拨款预算继续按照"只减不增"安排,地方财政也要按此原则从严从紧安排"三公"经费。各单位要落实非财政拨款经费管理主体责任，严格控制非财政拨款安排"三公"经费和一般性支出，确保"三公"经费和一般性支出保持在合理水平。严禁事业单位用钱大手大脚、铺张浪费等行为。

二、硬化预算执行刚性约束。全面加强预算执行管理，硬化实化预算约束机制，严格执行人大批准的预算，强化预算指标管理，不得无预算、超预算安排支出。严格执行会议费、培训费、差旅费标准，严禁超标准、超范围列支。严控预算调剂事项，不得年底突击花钱。部门所属单位如需增加"三公"经费预算，原则上通过内部调剂解决。严格按预算开支一般性支出，不得报销与公务活动无关的费用，对应由本单位履行职责的工作事项不得通过政府购买服务方式变相增加编外人员预算。

三、强化"三公"经费执行监控。财政部依托预算管理一体化系统监控地区、部门"三公"经费预算执行。地方财政部门要充分利用一体化建设成果，将"三公"经费管理规则嵌入一体化系统，建立执行监控机制，防范无预算、超预算列支"三公"经费等问题。各地区要完善数据报送机制，按要求及时上传数据、提高数据质量，保障数据的真实性、准确性和完整性。

四、加大"三公"经费公开力度。按照"公开为常态、不公开为例外"原则，依法依规公开"三公"经费预决算信息，接受社会和公众的监督。完善"三公"经费公开规则，持续扩大"三公"经费公开范围、细化公开内容，对落实过紧日子要求压减支出、"三公"经费增减变化原因等予以重点说明，推动部门所属单位按要求公开预决算和"三公"经费情况，进一步增强"三公"经费预决算透明度。

五、做深做细过紧日子情况评估。中央部门要继续按季度评估本部门落实过紧日子情况,从制度建设情况、一般性支出情况、"三公"经费情况、支出标准建设及执行情况等方面进行全面评估,财政部门要将评估结果与相关单位预算安排挂钩。地方财政部门要加强过紧日子评估制度建设,强化本地区部门和单位过紧日子情况评估和结果运用,及时发现问题、堵塞漏洞、改进管理。

六、加快支出标准体系建设。发挥支出标准体系在预算管理中的长期性、稳定性和基础性作用,逐步建立涵盖财政重点支出领域、主要共性项目和重大延续性项目的支出标准体系。结合经济社会发展、物价变动、财力变化等因素,合理确定公务支出标准,提高支出范围和标准的科学化、规范化水平。及时跟踪了解公务支出标准的实施情况,确保公务支出各项制度在执行中不打折扣。

七、做实全过程预算绩效管理。按照建立全方位、全过程、全覆盖的预算绩效管理体系要求,完善预算绩效管理制度体系,加快推进配套制度和实施细则建设。进一步完善绩效管理链条,做实事前绩效评估,严格绩效目标管理,加强绩效运行监控,提升绩效评价质效。有序推进部门和单位整体支出绩效评价,推动提升部门和单位管理效率和履职效能。硬化绩效结果与预算安排、改进管理、政策调整挂钩机制,强化绩效管理激励约束,大力削减低效无效资金。

八、防止虚增财政收入与严控一般性支出一体推进。地方各级财政部门在坚持严控一般性支出,厉行节约、勤俭办一切事情同时,要依法依规组织财政收入,持续整治违规收费行为,坚决防止收过头税,杜绝乱收费、乱罚款、乱摊派,不增加市场主体负担。坚决落实党中央、国务院确定的各项减税退税降费政策,确保应减尽减、应退尽退,依法打击各种偷税、漏税、骗补等行为。严禁通过举债储备土地，不得通过国企购地等方式虚增土地出让收入，不得巧立名目虚增财政收入，弥补财政收入缺口。进一步规范地方事业单位债务管控，建立严格的举债审批制度，禁止新增各类隐性债务，切实防范事业单位债务风险。

九、强化监督检查和问责机制。各级财政部门要加强"三公"经费全流程管理，加强预算编制、指标管理、预算执行等各环节监督，抓好审计问题整改，对发现的违规违纪问题及时移送纪检监察机关。各部门各单位要健全"三公"经费内部管理办法，强化内部预算、财务、资产等方面的监督检查。财政部各地监管局要加强属地中央预算单位"三公"经费预算执行情况的日常监管，重点关注超标准列支"三公"经费和培训费等、违规发放津贴补贴或职工福利、年底突击花钱、违规兴建政府性楼堂馆所等问题。同时，加强对属地虚增财政收入的监测，发现一起、处理一起、问责一起。

各地区各部门要切实增强"四个意识"、做到"两个维护"，牢固树立艰苦奋斗、勤俭节约思想，毫不动摇坚持政府过紧日子，持之以恒做好"三公"经费和一般性支出管理，以"时时放心不下"的责任感不断完善制度机制，提升管理效能，促进财政预算管理水平不断迈上新台阶。

财政部

2022 年 9 月 24 日

第二部分　会议费

财政部　国家机关事务管理局中共中央直属机关事务管理局关于印发《中央和国家机关会议费管理办法》的通知

（2016年6月29日　财行〔2016〕214号）

党中央有关部门，国务院各部委、各直属机构，全国人大常委会办公厅，全国政协办公厅，高法院，高检院，各民主党派中央，全国工商联，有关人民团体：

为贯彻落实《党政机关厉行节约反对浪费条例》关于加强相关开支标准之间的衔接，建立开支标准调整机制的规定，进一步加强会议费管理，我们制定了《中央和国家机关会议费管理办法》。现印发给你们，从2016年7月1日起施行，请认真遵照执行。执行中有何问题，请及时向我们反映。

附件：中央和国家机关会议费管理办法

财政部　国家机关事务管理局
中共中央直属机关事务管理局
2016年6月29日

附件：

中央和国家机关会议费管理办法

第一章 总 则

第一条 为进一步加强和规范中央和国家机关会议费管理，精简会议，改进会风，提高会议效率和质量，节约会议经费开支，制定本办法。

第二条 中央和国家机关会议的分类、审批和会议费管理等，适用本办法。

本办法所称中央和国家机关，是指党中央各部门，国务院各部委、各直属机构，全国人大常委会办公厅，全国政协办公厅，最高人民法院，最高人民检察院，各人民团体、各民主党派中央和全国工商联（以下简称各单位）。

第三条 各单位召开会议应当坚持厉行节约、反对浪费、规范简朴、务实高效的原则，严格控制会议数量和规模，规范会议费管理。

第四条 各单位召开的会议实行分类管理、分级审批。

第五条 各单位应当严格会议费预算管理，控制会议费预算规模。会议费预算应当细化到具体会议项目，执行中不得突破。会议费应当纳入部门预算，并单独列示。

第二章 会议分类和审批

第六条 中央和国家机关会议分类如下：

一类会议。是以党中央和国务院名义召开的，要求省、自治区、直辖市、计划单列市或中央部门负责同志参加的会议。

二类会议。是党中央和国务院各部委、各直属机构，最高人民法院，最高人民检察院，各人民团体召开的，要求省、自治区、直辖市、计划单列市有关厅（局）或本系统、直属机构负责同志参加的会议。

三类会议。是党中央和国务院各部委、各直属机构，最高人民法院，最高人民检察院，各人民团体及其所属内设机构召开的，要求省、自治区、直辖市、计划单列市有关厅（局）或本系统机构有关人员参加的会议。

四类会议。是指除上述一、二、三类会议以外的其他业务性会议，包括小型研讨会、座谈会、评审会等。

第七条 中央和国家机关会议按以下程序和要求进行审批：

一类会议。应当由主办单位报经党中央和国务院批准。会议总务、经费预算及费用结算等工作分别由中共中央直属机关事务管理局（以下简称中直管理局）和国家机关事务管理局（以下简称国管局）负责。

二类会议。党中央和国务院各部委、各直属机构，各人民团体应当于每年12月底前，将下一年度会议计划（包括会议名称、召开的理由、主要内容、时间地点、代表人数、工作人员数、所需经费及列支渠道等）送财政部审核会签，按程序经中央办公厅、国务院办公厅审核后报批。各单位召开二类会议原则上每年不超过1次。

三类会议。各单位应当建立会议计划编报和审批制度，年度会议计划（包括会议数量、会议名称、召开的理由、主要内容、时间地点、代表人数、工作人员数、所需经费及列支渠道等）经单位领导办公会或党组（党委）会审批后执行。

四类会议。由单位分管领导审核后列入单位年度会议计划。

年度会议计划一经批准，原则上不得调整。对党中央、国务院交办等确需临时增加的会议，按规定程序报批。

第八条 一类会议会期按照批准文件，根据工作需要从严控制；二、三、四类会议会期均不得超过2天；传达、布置类会议会期不得超过1天。

会议报到和离开时间，一、二、三类会议合计不得超过2天，四类会议合计不得超过1天。

第九条 各单位应当严格控制会议规模。

一类会议参会人员按照批准文件，根据会议性质和主要内容确定，严格限定会议代表和工作人员数量。

二类会议参会人员不得超过300人，其中，工作人员控制在会议代表人数的15%以内；不请省、自治区、直辖市和中央部门主要负责同志、分管负责同志出席。

三类会议参会人员不得超过150人，其中，工作人员控制在会议代表人数的10%以内。

四类会议参会人员视内容而定，一般不得超过50人。

第十条 全国人大常委会办公厅、全国政协办公厅、各民主党派中央和全国工商联的会议分类、审批事项、会期及参会人员等，由上述部门依据法律法规、章程规定，参照第六条至第九条作出规定，并报财政部备案。

第十一条 各单位召开会议应当改进会议形式，充分运用电视电话、网络视频等现代信息技术手段，降低会议成本，提高会议效率。

传达、布置类会议优先采取电视电话、网络视频会议方式召开。电视电话、网络视频会议的主会场和分会场应当控制规模，节约费用支出。

第十二条 不能够采用电视电话、网络视频召开的会议实行定点管理。各单位会议应当到定点会议场所召开，按照协议价格结算费用。未纳入定点范围，价格低于会议综合定额标准的单位内部会议室、礼堂、宾馆、招待所、培训中心，可优先作为本单位或本系统会议场所。

无外地代表且会议规模能够在单位内部会议室安排的会议，原则上在单位内部会议室召开，不安排住宿。

第十三条 参会人员以在京单位为主的会议不得到京外召开。各单位不得到党中央、国务院明令禁止的风景名胜区召开会议。

第三章　会议费开支范围、标准和报销支付

第十四条 会议费开支范围包括会议住宿费、伙食费、会议场地租金、交通费、文件印刷费、医药费等。

前款所称交通费是指用于会议代表接送站，以及会议统一组织的代表考察、调研等发生的交通支出。

会议代表参加会议发生的城市间交通费，按照差旅费管理办法的规定回单位报销。

第十五条 会议费开支实行综合定额控制，各项费用之间可以调剂使用。

会议费综合定额标准如下：

单位：元/人天

会议类别	住宿费	伙食费	其他费用	合　计
一类会议	500	150	110	760
二类会议	400	150	100	650
三、四类会议	340	130	80	550

综合定额标准是会议费开支的上限。各单位应在综合定额标准以内结算报销。

第十六条 一类会议费在部门预算专项经费中列支，二、三、四类会议费原则上在部门预算公用经费中列支。

会议费由会议召开单位承担，不得向参会人员收取，不得以任何方式向下属机构、企事业单位、地方转嫁或摊派。

第十七条 各单位在会议结束后应当及时办理报销手续。会议费报销时应当提供会议审批文件、会议通知及实际参会人员签到表、定点会议场所等会议服务单位提供的费用原始明细单据、电子结算单等凭证。财务部门要严格按规定审核会议费开支，对未列入年度会议计划，以及超范围、超标准开支的经费不予报销。

第十八条 各单位会议费支付，应当严格按照国库集中支付制度和公务卡管理制度的有关规定执行，以银行转账或公务卡方式结算，禁止以现金方式结算。

具备条件的，会议费应当由单位财务部门直接结算。

第四章　会议费公示和年度报告制度

第十九条 各单位应当将非涉密会议的名称、主要内容、参会人数、经费开支等情况在单位内部公示或提供查询，具备条件的应当向社会公开。

第二十条 一级预算单位应当于每年 3 月底前，将本级和下属预算单位上年度会议计划和执行情况（包括会议名称、主要内容、时间地点、代表人数、工作人员数、经费开支及列支渠道等）汇总后报财政部。党中央各部门同时抄送中直管理局，国务院各部门同时抄送国管局。

第二十一条　财政部对各单位报送的会议年度报告进行汇总分析，针对执行中存在的问题，及时完善相关制度。

第五章　管理职责

第二十二条　财政部的主要职责是：

（一）会同国管局、中直管理局等部门制定或修订中央本级会议费管理办法，并对执行情况进行监督检查；

（二）按规定对各单位报送的二类会议计划进行审核会签；

（三）对会议费支付结算实施动态监控；

（四）对各单位报送的会议年度报告进行汇总分析，提出加强管理的措施。

第二十三条　国管局的主要职责是：

（一）配合财政部制定或修订中央和国家机关会议费管理办法；

（二）负责国务院召开的一类会议的总务工作；

（三）配合财政部对国务院各部委、各直属机构会议费执行情况进行监督检查。

第二十四条　中直管理局的主要职责是：

（一）配合财政部制定或修订中央和国家机关会议费管理办法；

（二）负责党中央召开的一类会议的总务工作；

（三）配合财政部对中央各部门会议费执行情况进行监督检查。

第二十五条　各单位的主要职责是：

（一）负责制定本单位会议费管理的实施细则；

（二）负责单位年度会议计划编制和三类、四类会议的审批管理；

（三）负责安排会议预算并按规定管理、使用会议费，做好相应的财务管理和会计核算工作，对内部会议费报销进行审核把关，确保票据来源合法，内容真实、完整、合规；

（四）按规定报送会议年度报告，加强对本单位会议费使用的内控管理。

第六章 监督检查和责任追究

第二十六条 财政部、国管局、中直管理局会同有关部门对各单位会议费管理和使用情况进行监督检查。主要内容包括：

（一）会议计划的编报、审批是否符合规定；

（二）会议费开支范围和开支标准是否符合规定；

（三）会议费报销和支付是否符合规定；

（四）会议会期、规模是否符合规定，会议是否在规定的地点和场所召开；

（五）是否向下属机构、企事业单位或地方转嫁、摊派会议费；

（六）会议费管理和使用的其他情况。

第二十七条 严禁各单位借会议名义组织会餐或安排宴请；严禁套取会议费设立"小金库"；严禁在会议费中列支公务接待费。

各单位应严格执行会议用房标准，不得安排高档套房；会议用餐严格控制菜品种类、数量和分量，安排自助餐，严禁提供高档菜肴，不安排宴请，不上烟酒；会议会场一律不摆花草，不制作背景板，不提供水果。

不得使用会议费购置电脑、复印机、打印机、传真机等固定资产以及开支与本次会议无关的其他费用；不得组织会议代表旅游和与会议无关的参观；严禁组织高消费娱乐、健身活动；严禁以任何名义发放纪念品；不得额外配发洗漱用品。

第二十八条 违反本办法规定，有下列行为之一的，依法依规追究会议举办单位和相关人员的责任：

（一）计划外召开会议的；

（二）以虚报、冒领手段骗取会议费的；

（三）虚报会议人数、天数等进行报销的；

（四）违规扩大会议费开支范围，擅自提高会议费开支标准的；

（五）违规报销与会议无关费用的；

（六）其他违反本办法行为的。

有前款所列行为之一的，由财政部会同有关部门责令改正，追回资金，并经报批后予以通报。对直接负责的主管人员和相关负责人，报请其所在单位按规定给予行政处分。如行为涉嫌违法的，移交司法机关处理。

定点会议场所或单位内部宾馆、招待所、培训中心有关工作人员违反规定的，按照财政部定点会议场所管理的有关规定处理。

第七章 附　　则

第二十九条　各单位应当按照本办法规定，结合本单位业务特点和工作需要，制定会议费管理具体规定。

第三十条　党中央、国务院直属事业单位的会议费管理参照本办法执行。中央和国家机关各部门所属事业单位的会议费管理由各部门依据从严从紧原则参照本办法作出具体规定。

第三十一条　本办法由财政部负责解释，自2016年7月1日起施行。《中央和国家机关会议费管理办法》（财行〔2013〕286号）同时废止。

财政部 国管局 中直管理局关于《中央和国家机关会议费管理办法》的补充通知

（2023年5月30日 财行〔2023〕86号）

党中央有关部门，国务院各部委、各直属机构，全国人大常委会办公厅，全国政协办公厅，最高人民法院，最高人民检察院，各民主党派中央，有关人民团体：

为贯彻落实中央八项规定精神，进一步规范中央和国家机关会议费管理，现就有关事项补充通知如下：

一、本通知适用于中央和国家机关按照《中央和国家机关会议费管理办法》（财行〔2016〕214号，以下简称《办法》）规定召开的一类、二类、三类、四类会议，包括线下会议和线上会议。

线上会议是指采取电视电话、网络视频等方式召开的会议，含线上与线下相结合的会议。

二、会议会期，二、三、四类会议原则上不超过1天半，传达、布置类会议不得超过1天。

会议报到和离开时间，一、二、三类会议合计不得超过1天半，四类会议合计不得超过1天。

三、各单位召开会议，在符合保密和网络信息安全要求的前提下，提倡采用线上会议形式。线上会议的主会场和分会场参会人数合计不得超过《办法》规定的相应会议类别参会人数上限，不请外地同志到主会场参会。

线上会议优先选择单位内部电视电话、电子政务内网视频会商等现有应用系统。单位现有应用系统无法保障的，应当结合工作性质、保密要求等，选择专用系统、运营商服务系统、第三方软件服务系统等。

四、会议费开支范围包括：

（一）线下费用：《办法》规定的住宿费、伙食费、会议场地租金、交通费、文件印刷费、医药费等；

（二）线上费用：能够明确对应具体会议的设备租赁费、线路费、电视电话会议通话费、技术服务费、软件应用费、音视频制作费等。

五、会议费应当按照以下方式进行核算列支：

（一）线下费用按照《办法》有关规定以实际发生的费用项目分项定额标准总额为上限，结合线下实际参会人数、会议时间进行核算。各项费用之间可以调剂使用，未实际发生的费用项目不得参与调剂。

（二）线上费用不纳入《办法》规定的综合定额标准内核算，凭合法票据原则上在单位年度会议费预算内据实列支。

各单位应当按照厉行节约、提高效率的原则，通过市场调研、充分议价，合理选择线上会议应用系统，细化完善本单位线上会议支出标准。

六、各单位在会议结束后应当及时办理会议费报销手续。线下费用按照《办法》有关规定进行报销。线上费用应当提供费用清单和使用相关应用系统所开具的合法票据，签署服务合同的，需一并提供相关合同。

七、各单位应当加强涉密会议安全和保密管理，落实网络安全工作责任制，强化网络安全技术防护措施，选择安全可靠的应用系统，督促系统服务供应商严格落实安全保密责任，加强对运维人员、技术服务人员日常保密教育和监督，定期开展终端设备和涉密场所保密检查，妥善保管会议音视频等材料，切实做好安全保障工作。

八、各单位应当加强对会议内容相近、参会人员范围相同会议的统筹，严格控制各类会议规模，简化办会形式，合理确定参会人员范围，减少参会人员数量，减少陪会。

九、各单位应在《办法》及本通知规定的开支范围和开支标准内从严从紧核定会议费预算，节约会议经费开支。

十、本通知自 2023 年 8 月 1 日起施行。《办法》有关规定与本通知不符的，以本通知为准。

财政部　国管局　中直管理局

2023 年 5 月 30 日

财政部关于党政机关会议定点场所
管理信息系统投入使用的通知

(2017年4月19日　财办行〔2017〕72号)

党中央有关部门财务部门，国务院各部委、各直属机构财务部门，全国人大常委会办公厅机关事务管理局，全国政协办公厅机关事务管理局，高法院行装局，高检院计财局，各民主党派中央、全国工商联财务部门，有关人民团体财务部门，新疆生产建设兵团财务局：

根据《党政机关厉行节约反对浪费条例》、《党政机关会议定点管理办法》（财行〔2015〕1号）、《中央和国家机关会议费管理办法》（财行〔2016〕214号）等规定，党政机关会议召开场所实行政府采购定点管理；各地区确定的会议定点场所在全国范围内实行资源共享，各级党政机关举办会议共同使用，执行统一的会议定点场所目录和相同的协议价格。为做好党政机关会议定点管理工作，方便会议定点场所信息注册、查询，我部开发建设了"党政机关会议定点场所管理信息系统"（http：//meeting.mof.gov.cn，以下简称信息系统），现投入使用，有关事项通知如下：

一、各单位会议应当到会议定点场所召开。未纳入定点范围，价格低于会议综合定额标准的单位内部会议室、礼堂、宾馆、招待所、培训中心，可优先作为本单位或本系统会议场所。

二、各单位召开会议，应根据会议情况和会议预算安排，按照有关规定，在信息系统中查询会议定点场所信息，选择符合条件的会议定点场所，通过电话等方式预订。

三、各单位在会议定点场所召开会议，应当按照协议价格结算费用。可以通过信息系统查询协议价格，也可以要求会议定点场所出示协议价格相关文件。如会议定点场所存在不履行协议价格等违约情况，请及时联系当地会议定点管理员进行投诉反映（联系电话可通过信息系统各页面右上角"问题反馈电话"查询）。

如信息系统应用中遇到问题，请及时反映。联系电话：
010－68551376（财政部行政政法司）。
010－68553117 或 68554109（北京用友政务软件有限公司）。

财政部办公厅

2017 年 4 月 19 日

财政部关于印发《党政机关会议定点管理办法》的通知

(2015年1月13日 财行〔2015〕1号)

党中央有关部门,国务院各部委、各直属机构,全国人大常委会办公厅,全国政协办公厅,高法院,高检院,有关人民团体,各民主党派中央,新疆生产建设兵团,各省、自治区、直辖市、计划单列市财政厅(局):

为加强和规范会议定点管理,根据《党政机关厉行节约反对浪费条例》和《中央和国家机关会议费管理办法》的有关规定,我们制定了《党政机关会议定点管理办法》。现印发给你们,请结合实际情况,认真贯彻执行。

请各地财政部门抓紧研究制定本地区会议定点管理实施细则,于2015年3月底前报财政部备案,并认真组织做好2015-2016年会议定点饭店招标采购工作。各地区在执行中有何问题,请及时向我们反映。

附件:党政机关会议定点管理办法

财政部
2015年1月13日

附件：

党政机关会议定点管理办法

第一章 总 则

第一条 为加强和规范党政机关会议定点管理，节约会议费支出，降低行政运行成本，根据《党政机关厉行节约反对浪费条例》、《中央和国家机关会议费管理办法》等规定，制定本办法。

第二条 党政机关会议定点管理，是指财政部门或财政部门委托的机构通过政府采购方式确定一定数量的宾馆饭店或专业会议场所作为党政机关举办会议场所（以下称会议定点场所）的相关管理活动。

第三条 各级党政机关举办的会议，除采用电视电话、网络视频方式以及在本单位或本系统内部会议室、礼堂、宾馆、招待所、培训（会议）中心等举办的外，应当在会议定点场所召开。

第四条 省级（含自治区、直辖市和计划单列市，下同）财政部门统一负责本地区党政机关会议定点管理。各省级财政部门根据实际情况确定本地区各级财政部门在会议定点场所的政府采购和日常管理中的具体职责分工。

第五条 各地区确定的会议定点场所在全国范围内实行资源共享，各级党政机关举办会议共同使用，执行统一的会议定点场所目录和相同的协议价格。

第二章 会议定点场所及协议价格的确定

第六条 会议定点宾馆饭店应当具备保证会议所需要的住宿房间、会议室、餐厅以及相关设施。

专业会议场所应当具备会议所需要的会议室等相关设施。

第七条 确定会议定点场所应当遵循的原则：

（一）数量适当。会议定点场所的数量以能满足党政机关会议需要为宜。

（二）布局合理。会议定点场所的分布要合理，交通便利。

（三）档次适中。兼顾不同地区和不同级别党政机关会议的需要，确定不同档次的会议定点场所。

（四）价格优惠。宾馆饭店、专业会议场所对会议的收费给予优惠。

（五）公开公平。对各类宾馆饭店、专业会议场所等应执行公开、统一的政府采购标准。

第八条 会议定点场所应当通过公开招标方式确定。因特殊情况需要采用公开招标以外方式采购的，应当报经省级财政部门批准后执行。

第九条 会议定点场所政府采购的内容包括住宿房间价格、会议室租金和伙食费。住宿房间价格按标准间、单人间和普通套房三种类型确定。会议室租金按照大会议室、中会议室、小会议室三种类型确定。伙食费标准按照每人每天确定或明细到单餐。

会议定点场所的政府采购控制价格由具体负责政府采购的财政部门按照不高于本地区会议费管理办法规定的开支标准确定。

第十条 具备本办法第六条规定条件的宾馆饭店、专业会议场所可以参加会议定点场所招投标。

党政机关驻外地的内部宾馆、招待所、培训（会议）中心等具备本办法第六条规定条件的可以参加所在地的会议定点场所招投标。

第十一条 会议定点场所政府采购应坚持公开、公正、公平的原则，严格按照政府采购制度的有关规定进行。

第十二条 具体负责政府采购的财政部门通过政府采购确定会议定点场所后，应当与会议定点场所签订协议书，并督促会议定点场所在规定时间内在党政机关会议定点场所管理系统上注册。

省级财政部门汇总本地区政府采购的会议定点场所及协议价格报财政部备案。

第三章 会议定点场所的变动调整

第十三条 会议定点场所实行动态管理，两年调整一次。

第十四条 根据工作需要，各地财政部门可以对会议定点场所进行调整，调整办法由省级财政部门按有关规定制定。

第十五条 协议期满后，对符合招标文件中规定的续约条件的，经协议双方协商一致，本轮次的会议定点场所可以续签下一轮次的协议，继续保留会议定点场所资格；也可自愿退出，会议定点场所资格自动取消。

第十六条 会议定点场所在协议期内不得提高协议价格。

第十七条 会议定点场所在协议期内，由于名称、法人代表等信息发生变动的，由会议定点场所申请，经当地财政部门审核同意后重新注册，并报省级财政部门备案。

第十八条 协议期内会议定点场所发生下列情况之一的，由会议定点场所提出书面申请，经签订协议的财政部门审核同意后在党政机关会议定点场所管理系统办理注销：

（一）由于会议定点场所服务功能发生变化，不能满足协议要求的；

（二）由于自然灾害等不可抗力导致会议定点场所无法正常经营的；

（三）由于其他情况导致会议定点场所无法正常经营的。

第四章　管理与监督

第十九条　财政部负责制定党政机关会议定点管理办法和会议定点场所协议书的主要条款，统筹推进党政机关会议定点场所管理系统建设，组织、指导、协调和监督全国党政机关会议定点管理工作。

第二十条　省级财政部门负责制定本地区会议定点管理的实施细则，指导、协调和实施本地区会议定点场所政府采购工作，负责本省（区、市）党政机关会议定点场所管理系统的管理与运行维护，指导、协调本地区会议定点场所注册、日常管理、处理投诉等工作，负责本省（区、市）党政机关会议定点管理监督检查工作。

第二十一条　省级以下财政部门根据省级财政部门规定的职责，实施本地区会议定点场所的政府采购工作，设立投诉电话，受理对会议定点场所的投诉，对投诉进行及时处理，并定期将投诉情况汇总报省级财政部门。

第二十二条　各级财政部门负责督促本级党政机关执行会议定点管理规定，督促本地区会议定点场所履行协议规定。

第二十三条　党政机关在会议定点场所举办会议应当严格执行定点协议，不得要求会议定点场所虚报会议天数、人数、开具虚假发票等。

第二十四条　会议定点场所有权拒绝党政机关提出的超出协议的服务项目和要求。

第二十五条 会议定点场所有以下行为之一的，经调查属实，第一次予以书面警告，第二次取消会议定点场所资格，情节严重的不得参加下一轮次的会议定点场所政府采购：

（一）无正当理由拒绝接待党政机关会议的；

（二）超过协议价格收取费用或采取减少服务项目等降低服务质量的；

（三）提供虚假发票的；

（四）未按规定提供发票、费用原始明细单据、电子结算单等凭证的；

（五）不配合、甚至干扰阻挠财政部门正常核查工作的；

（六）违反协议规定的其他事项的。

第二十六条 会议定点场所在协议期内未经批准单方面终止履行协议或因违法经营行为受到行政处罚的，根据政府采购法等规定取消其会议定点场所资格，并不得参与下一轮次党政机关会议定点场所政府采购。

第五章 附 则

第二十七条 本办法由财政部负责解释。

第二十八条 各省级财政部门应根据本办法，结合本地区实际，制订具体实施细则，并报财政部备案。

第二十九条 本办法自发布之日起实行。《中央国家机关出差和会议定点管理办法》（财行〔2006〕312号）、《关于进一步加强党政机关出差和会议定点管理工作的通知》（财行〔2012〕254号）同时废止。其他党政机关会议定点管理规定与本办法不一致的，按照本办法执行。

财政部关于印发《在华举办国际会议经费管理办法》的通知

（2015年7月30日　财行〔2015〕371号）

党中央有关部门，国务院各部委、各直属机构，全国人大常委会办公厅，全国政协办公厅，高法院，高检院，各民主党派中央，有关人民团体，各省、自治区、直辖市、计划单列市财政厅（局），新疆生产建设兵团财务局：

　　为进一步规范和加强在华举办国际会议的经费管理，提高资金使用效益，我们制定了《在华举办国际会议经费管理办法》，现印发给你们，请认真遵照执行。

　　附件：在华举办国际会议经费管理办法

财政部
2015年7月30日

附件：

在华举办国际会议经费管理办法

第一章　总　　则

第一条　为进一步规范在华举办国际会议的经费管理，加强预算监督，提高资金使用效益，根据《中华人民共和国预算法》、《党政机关厉行节约反对浪费条例》等有关法律法规，制定本办法。

第二条　本办法所称在华举办国际会议，是指中央和国家机关在我国境内举办的、与会者来自3个或3个以上国家和地区（不含港、澳、台地区）的年会、例会、研讨会、论坛等会议（以下简称国际会议）包括：中央和国家机关举办的国际会议，中央和国家机关与国际组织及外国有关团体、机构共同举办或受其委托承办的国际会议。

第三条　本办法所称中央和国家机关，是指党中央各部门，国务院各部委、各直属机构，全国人大常委会办公厅，全国政协办公厅，最高人民法院，最高人民检察院，各人民团体、各民主党派中央和全国工商联（以下简称各单位）。

第四条　在华举办国际会议应当遵循以下原则：

（一）严格审批，分类管理。各单位应当严格执行国际会议审批规定，实行分类管理。

（二）强化预算，厉行节约。各单位应当科学、规范、合理地编制和申报国际会议经费预算，并本着"勤俭办外事"的原则，严格控制会议数量、规格和规模。

（三）符合惯例，明确责任。各单位应当根据国际惯例对等接待外方参会人员，合理划分中央与地方应当负担的经费。

（四）加强监督，注重绩效。各单位应当主动配合监督检查工作，注重绩效管理，提高资金使用效益。

第二章 会议审批和分类管理

第五条 各单位应当严格按照中央有关规定实行国际会议中央和部级两级审批制度，从严控制国际会议数量。报请党中央、国务院审批的国际会议，报批文件应当明确各项经费来源，原则上应当先会签外交部，再会签财政部后上报。申请中央财政拨款的国际会议，应当按照部门预算管理程序，编制详细的会议经费预算，报财政部审核。

第六条 各单位原则上不得实行固定年会或与外方轮流开会机制，不得在同一时间或短时间内举办主题相同或类似的国际会议，无实质内容的国际会议一律不得举办。各单位应当严格控制邀请外宾的规模和规格，未经批准，不得擅自邀请或对外协商邀请重要外宾来访。

第七条 根据会议正式代表的级别，国际会议在经费管理上分类如下：

一类国际会议，是指以部长级官员作为会议正式代表出席的国际会议。

二类国际会议，是指以司局级官员作为会议正式代表出席的国际会议。

三类国际会议，是指以处级及以下官员或其他人员作为会议正式代表出席的国际会议。

第八条 一类国际会议会期按照审批文件，根据工作需要从严控制。除特殊情况报经批准外，二、三类国际会议会期原则上不得超过3天，会议报到和离开时间，合计不得超过2天。

第九条 各单位应当严格限定参会人员数量，控制会议规模。除特殊情况报经批准外，国际会议工作人员人数控制在会议正式代表人数的10%以内，驻会工作人员不得超过会议工作人员的50%。

第三章 收入管理

第十条 国际会议所需经费由我方全额负担或由与会各方分担的，按会议统一标准编制经费预算，我方负担的经费应当纳入部门预算管理。

第十一条 国际会议的收入包括：会议注册费收入、国际组织专项资助、中央财政拨款、赞助收入和其他收入。

（一）会议注册费收入，是指根据国际惯例，由会议举办单位向参会代表收取的用于会议支出的费用。

（二）国际组织专项资助，是指国际组织拨付给会议举办单位的专项经费。会议举办单位应当积极向国际组织申请专项资助。

（三）中央财政拨款，是指在无会议注册费收入和国际组织专项资助，或者会议注册费收入和国际组织专项资助不足以弥补会议支出时，中央财政对国际会议的补助。

（四）赞助收入，是指境内外机构或部门、企业、个人出于自愿，无偿向国际会议提供资金或物资赞助而形成的收入。

（五）其他收入，是指召开国际会议时举办展览、展示、广告、旅游中介等收入。

第十二条 举办国际会议取得的各项收入，必须统一纳入预算管理，单独核算。

第十三条 举办国际会议取得的赞助物资或购买的办公用品、消耗材料等财产物资应当严格管理：

（一）财产物资的取得、保管、领用要有规范明确的报批程序，并指派专人负责。

（二）购置或赞助取得的各项财产物资应当在会议结束后3个月内进行处理，具体处理方案报财政部备案，处置收入在扣除相关税费后上缴国库。

第四章 支出管理

第十四条 国际会议的支出范围包括：场地租金、同声传译设备和办公设备租金、宴请费用、交通费用、工作人员食宿费用、志愿人员费用、翻译费用、其他会务费用以及其他经财政部批准的支出。国际会议如有注册费收入，中方可承担国际组织官员及秘书处人员会议期间的食宿费用。

第十五条 国际会议举办场所应当注重安全适用，不追求奢华。会议正式代表场地租金的人均定额标准为：一类国际会议每天300元（人民币，货币单位下同），二类国际会议每天200元，三类国际会议每天150元。

第十六条 会议正式代表同声传译设备和办公设备租金的人均定额标准为每天100元。

第十七条 会议期间可安排一次宴请，会议正式代表人均定额标准（含酒水及服务费用）为：一类国际会议220元，二类、三类国际会议180元。

第十八条 会议期间租用车辆安排会议代表往返驻地与会场及会议工作人员确因工作需要租用车辆的，各单位应当合理使用车型，严格控制随行车辆。租金定额标准为：大巴士（25座以上）每辆每天1500元，中巴士（25座及以下）每辆每天1000元，小轿车（5座及以下）每辆每天800元。

第十九条 会议期间工作人员食宿费用定额标准为每人每天450元。

第二十条 会议期间志愿人员确因工作需要不能按时用餐的，用餐或发放误餐补贴的定额标准为每人每天100元。志愿人员原则上不安排住宿。

第二十一条 同声传译人员口译定额标准为：使用联合国官方语言的同声传译人员，每人每天5000元；使用联合国官方语言以外的其他语种同声传译人员，每人每天6000元。笔译费用定额标准为每千字200元。对于境外同声传译人员，我方只承担同声传译人员乘坐经济舱的国际旅费，据实结算。

第二十二条 其他会务费用实行综合定额控制，会议正式代表人均支出标准为每天100元。支出范围包括：办公用品、消耗材料购置费用，会议文件印刷、会议代表及工作人员的制证费用等。其他会务费用各项目之间可以调剂使用，在综合定额控制内据实报销。

第二十三条 根据国家经济发展、物价变动等情况，适时对支出标准进行调整。

第二十四条 国际会议所有支出必须经举办单位财务部门审核同意方能报销。所有支出协议必须由会议举办单位预算执行部门负责人签署。

第二十五条 各单位应当遵循国际惯例，从严从紧控制经费支出：

（一）除外方特邀代表或存在外交对等接待的情况外，不得承担会议代表往返国际国内旅费（包括往返机场的交通费）及食宿费用。

（二）除劳务费及境外国际旅费外，不得承担同声传译人员的食宿、交通等费用。

（三）不得借举办国际会议的名义向地方政府或企业强行摊派或变相摊派会议费用。

（四）不得承担额外的义务，要厉行节约、讲求实效。

（五）申请中央财政拨款的国际会议，未经财政部同意，一律不准购买设备，且除会议场地、会议必要设备（不含消耗材料支出）外，各单位不得擅自对外提供任何免费服务。

第二十六条　国际会议结束后，中央财政拨款经费如有结余，按照财政部结转和结余资金管理的有关规定执行。

第五章　经费负担

第二十七条　国际会议举办城市应当具备办会需要的场地、设备等基本设施，为满足办会条件而产生的场地搭建、场馆改造等费用，原则上由地方负担，中央单位按第四章所列标准负担租金。

第二十八条　中央单位工作人员的费用由中央单位负担，地方单位工作人员的费用由地方单位负担。中央单位组织安排的会议正式代表的宴请、交通及其他会务费用由中央单位负担，地方单位组织安排的会议正式代表的宴请、交通及其他会务费用由地方单位负担。

第二十九条　中央单位聘请的同声传译人员和志愿人员的费用由中央单位负担，地方单位聘请的同声传译人员和志愿人员的费用由地方单位负担。会议文件翻译费用由中央单位负担。

第六章 绩效管理

第三十条 各单位应当加强国际会议绩效管理，强化支出责任，提高财政资金使用效益。

第三十一条 对于申请财政专项预算拨款的国际会议，各单位应当按照预算绩效管理要求，编制绩效计划，设定绩效目标。各单位应当加强对绩效目标的审核，并将其作为会议经费预算编制的重要依据，提高项目和资金安排的科学合理性。

第三十二条 各单位应当建立完善的绩效管理机制，依据确定的绩效目标组织开展绩效自评，评价结果作为绩效问责的重要依据。

第三十三条 财政部门对各单位国际会议进行绩效评价的结果，作为以后年度审核安排相关单位国际会议中央财政拨款的依据。

第七章 监督检查

第三十四条 各级外事、财政、审计部门应当加强对在华举办国际会议管理和经费使用情况的检查。各单位应当如实提供包括审批文件、会议预算、支出凭证等在内的相关资料，主动配合接受检查，并认真落实检查意见。

第三十五条 违反本办法规定，有下列行为之一的，按《党政机关厉行节约反对浪费条例》、《财政违法行为处罚处分条例》等有关规定，由财政部会同有关部门责令改正，追回资金；对直接负责的主管人员和相关责任人，报请其所在单位按规定给予行政处分；涉嫌违法的，移交司法机关依法处理：

（一）擅自改变国际会议资金用途的；

（二）以虚报、冒领等手段骗取国际会议经费的；

（三）违规扩大支出范围，或超过支出标准的；

（四）违规报销与国际会议无关费用的；

（五）挪用、截留、侵占国际会议经费的；

（六）其他违反本办法行为的。

第八章 附　　则

第三十六条　中央级事业单位和地方政府举办的国际会议参照本办法执行。

第三十七条　经国务院批准的重大双边国际会议参照本办法执行。

第三十八条　国际比赛、国际博（展）览会、涉外文艺演出、涉外培训、日常外事工作会谈等不适用本办法。

第三十九条　国家元首、政府首脑、国家副元首、政府副首脑、王储等作为会议正式代表出席的国际会议，相关管理办法另行制定。

第四十条　一类、二类国际会议和 300 人以上的三类国际会议，举办单位应当根据本办法制定财务预算管理细则。

第四十一条　本办法由财政部负责解释。

第四十二条　本办法自 2015 年 9 月 1 日起执行。《财政部关于印发〈在华举办国际会议费用开支标准和财务管理办法〉的通知》（财行〔2012〕1 号）同时废止。

中共中央办公厅 国务院办公厅印发
《关于严禁党政机关到风景名胜区开会的通知》

（2014年9月28日 厅字〔2014〕50号）

（中共中央办公厅、国务院办公厅共印发过两次《关于严禁党政机关到风景名胜区开会的通知》。第一次为1998年11月10日，第二次为2014年9月28日。目前执行第二次印发的《关于严禁党政机关到风景名胜区开会的通知》）

1998年中央办公厅、国务院办公厅下发《关于严禁党政机关到风景名胜区开会的通知》以来，各级党政机关到风景名胜区尤其是到中央明令禁止的12个风景名胜区开会现象得到了有效遏制。但是，违规到上述风景名胜区开会问题仍未完全杜绝，到其他热点风景名胜区开会以及在风景名胜区外开会到区内旅游的情况时有发生，有的单位还巧立名目组织公款旅游，损害了党和政府形象，广大干部群众对此反映强烈。为深入贯彻落实中央八项规定精神和《党政机关厉行节约反对浪费条例》，坚决杜绝以会议名义到风景名胜区公款旅游等违规行为，经党中央、国务院同意，现就有关事项通知如下。

一、各级党政机关一律不得到八达岭－十三陵、承德避暑山庄外八庙、五台山、太湖、普陀山、黄山、九华山、武夷山、庐山、泰山、嵩山、武当山、武陵源（张家界）、白云山、桂林漓江、三亚热带海滨、峨眉山－乐山大佛、九寨沟－黄龙、黄果树、西双版纳、华山21个风景名胜区召开会议，禁止召开会议的区域范围以风景名胜区总体规划确定的核心景区地域范围为准。

二、地方各级党政机关的会议一律在本行政区域内召开，不得到其他地区召开；因工作需要确需跨行政区域召开会议的，必须报同级党委、政府批准。风景名胜区核心景区与地方政府主要行政区域高度重合的，当地党政机关应当在机关内部会议场所或定点饭店召开会议。中央和国家机关各部门到京外召开会议的，必须严格执行会议费管理有关规定。

会议主办单位要合理安排会议日程，严格遵守报到、离会时限，严禁超出规定时限为参会人员提供食宿，严禁组织与会议无关的参观、考察等活动。

三、党政机关召开涉及旅游、宗教、林业、地震、气象、生态环保、国土资源以及景区规划等工作的专业性会议，确需到禁止名单中的风景名胜区召开的，应当完善管理制度，从严控制、严格审批。垂直管理单位应当报上一级主管部门批准，其他单位报同级党委、政府批准。

四、严禁各级党政机关以召开会议等名义组织公款旅游。严禁在会议费、培训费、接待费中列支风景名胜区等各类旅游景点门票费、导游费、景区内设施使用费、往返景区交通费等应由个人承担的费用。严禁向下级单位以及旅游景区管理部门、接待服务场所、旅游中介公司等单位转嫁上述费用。严禁违反规定要求旅游景区管理部门、有关企业等单位免除上述费用。

五、财政部门要建立会议经费定期或不定期财政监督检查制度，审计机关要建立会议费经常性审计监督制度，加大审计结果公开力度，必要时对旅游景区管理部门、接待服务场所、会议培训中介机构等单位开展延伸监督检查和审计，防止转嫁费用，并及时将违规违纪线索移交纪检监察机关。

六、本通知适用于各级党的机关、人大机关、行政机关、政协机关、审判机关、检察机关，以及工会、共青团、妇联等人民团体和参照公务员法管理的事业单位。

七、此前有关规定与本通知不一致的，以本通知为准。

关于进一步加强论坛活动规范管理的通知

(2023年8月7日　文旅办发〔2023〕81号)

各省、自治区、直辖市文化和旅游厅（局）、党委宣传部、党委网信办、外办、教育厅（教委）、公安厅（局）、民政厅（局）、国资委、市场监管局（厅、委）：

近年来，论坛活动在推动经济社会发展和思想文化交流等方面发挥了重要作用，但同时也存在一些假冒官方机构、正规组织举办"山寨"论坛活动，违规开展评比达标表彰活动，违规收费借机敛财，随意冠以高规格名号，主题交叉重复、内容空泛等问题，造成了经济社会资源的浪费，扰乱了市场秩序，损害了人民群众合法利益。为进一步打击整治违法违规行为，规范论坛活动管理，现就各类主体面向社会公开举办的论坛活动（包括论坛、峰会、年会以及其他具有论坛性质的会议活动）提出如下工作要求。

一、坚持正确导向。举办论坛活动必须坚持以习近平新时代中国特色社会主义思想为指导，践行社会主义核心价值观，遵守相关法律法规和政策规定。主办单位应切实履行主体责任，加强对活动内容的审核把关和活动全过程管理，确保论坛活动坚持正确政治方向、价值取向和舆论导向，着力提升论坛活动质量，充分发挥论坛活动在经济社会文化发展中的积极作用。

二、规范论坛活动举办主体、名称和内容。举办论坛活动的各类社会主体,应经依法登记、具有合法身份。未经合法登记的企业及社会组织或无实际承办主体不得面向社会公开举办论坛活动。论坛活动名称应准确、规范、名实相符,不得随意冠以"中国""中华""全国""国际""世界""峰会""高端""高峰""巅峰"等字样。论坛活动内容应围绕中心、服务大局,注重质量和实效,主题设置不得超出主办单位职责范围,设立分论坛、子论坛、平行论坛应紧紧围绕主论坛活动主题。

三、严厉打击各类违法违规行为。重点打击未经合法登记的主体面向社会公开举办的论坛活动、"山寨"论坛活动、以论坛活动名义进行诈骗敛财等违法违规行为。公安部门依法打击涉非法集资、非法经营、传销、诈骗等违法犯罪行为。市场监管部门严格查处论坛活动违规收费、虚假宣传等行为。民政部门严厉打击整治举办论坛活动的各类非法社会组织,依法查处在举办论坛活动中存在违反社会组织登记管理法律法规行为的社会组织。表彰奖励主管部门对借举办论坛活动违规设奖颁奖的,采取叫停活动、依法查处、责令整改、追究相关人员责任等措施。

四、规范社会组织举办论坛活动。社会组织举办论坛活动应按章程规定履行内部工作程序,并按其主管单位有关规定履行相关手续。论坛主题内容应符合章程规定的宗旨和业务范围;与其他单位合作举办论坛活动的,要加强对合作单位资质、能力的审核把关,加强对活动全过程的监督管理;不得只挂名、不参与管理,不得与非法主体合作开展活动。

五、规范管理党政机关及其直属单位举办论坛活动。除党中央国务院决定开展的论坛活动外,党政机关及其直属单位举办论坛活动，要严格履行报批程序。省部级党政机关、人民团体、经国务院批准免于登记的社会团体举办新的论坛活动应报党中央、国务院审批；各省（区、市）党委、政府负责审批本地区省级以下地区、部门和单位举办的论坛活动；中央和国家机关、人民团体、经国务院批准免于登记的社会团体负责审批所属机关、直属单位举办的论坛活动。分级分类建立论坛活动保留清单，对清单范围内的论坛活动实行备案管理。各级党政机关及其直属单位原则上不再举办保留清单以外的论坛活动。确有必要新增的，应从严审核论证，按程序报批后纳入清单管理。党政机关及其直属单位论坛活动的审批实行总量控制、严控规模、厉行节约、注重实效等原则，防止形式主义和铺张浪费。贯彻落实中央八项规定及其实施细则精神，规范党员领导干部出席论坛活动。涉外论坛活动按照有关外事管理规定办理，规范邀请党和国家领导人、其他领导干部及重要外宾出席论坛活动。

六、鼓励支持合法合规论坛活动开展。对于组织规范、导向正确、效果优良、影响力大的论坛活动，各地区各部门应通过加强宣传推介、提供业务指导、给予表扬奖励等方式予以支持，打造一批具有示范性引领性的品牌论坛活动，助推论坛活动在服务高质量发展中发挥积极作用。

七、落实主管主办责任和行业监管职责。论坛活动主办单位要切实履行主体责任，加强对论坛活动的全过程管理，制定应急预案，确保活动健康有序开展。中央和国家机关要加强对所属单位举办论坛活动的规范管理，各省（区、市）论坛活动主管部门应切实履行论坛活动的属地管理职责，健全工作机制，完善管理制度，加强对本地区各类主体举办论坛活动的规范管理。各行业管理部门要加强对本行业、本领域论坛活动的业务指导和行业监管。

八、加强对场地提供主体的规范管理。论坛活动场地的主体不得为违法违规论坛活动提供便利，在签订合同、提供服务前，要对论坛活动举办主体的身份真实性、合法性予以核实，不得为未经合法登记的主体提供论坛活动场地。发现存在违法违规线索的，应及时通报相关部门。

九、规范媒体平台对论坛活动的宣传推广。新闻媒体、网站平台、公众账号不得对违法违规论坛活动进行宣传报道或为其刊登广告、提供传播渠道；要对论坛活动相关信息内容进行审核把关，不得不实宣传、夸大宣传。

十、加强信用管理和社会监督。对于违法违规举办论坛活动、造成不良社会影响的主体，除依据相关法律法规进行处理外，相关主管部门要将其纳入信用管理范畴。各相关部门要促进信息共享，对于有不良信用记录的论坛活动及举办主体予以重点监管。畅通举报投诉途径，鼓励广大群众积极参与打击违法违规论坛活动，鼓励合规论坛举办主体依法维护自身权益。

各地区各部门要进一步提高政治站位，认真落实本通知精神，强化责任担当，按照统筹协同、分级负责、分类管理、上下联动的要求，构建高效衔接、运转有序的工作机制，加强组织领导，层层压实责任，坚持问题导向、标本兼治、精准施策，推动论坛活动健康有序发展。

特此通知。

文化和旅游部　中央宣传部　中央网信办
中央外办　外交部　教育部
公安部　民政部　国务院国资委　市场监管总局
2023 年 8 月 7 日

第三部分　差旅费

财政部关于印发《中央和国家机关差旅费管理办法》的通知

(2013年12月31日　财行〔2013〕531号)

党中央各部门，国务院各部委、各直属机构，全国人大常委会办公厅，全国政协办公厅，高法院，高检院，各人民团体，各民主党派办公厅，新疆生产建设兵团：

　　为贯彻落实中央关于改进工作作风，密切联系群众八项规定及其实施细则，推进厉行节约反对浪费制度建设，加强和规范中央和国家机关差旅费管理，根据《党政机关厉行节约反对浪费条例》，我们制定了《中央和国家机关差旅费管理办法》。现印发给你们，从2014年1月1日起施行。执行中有何问题，请及时向我们反映。

　　请各省、自治区、直辖市、计划单列市财政厅（局）参照本办法，结合实际情况，抓紧修订本地党政机关差旅费管理办法，并报财政部备案。

　　附件：中央和国家机关差旅费管理办法

财政部
2013年12月31日

附件：

中央和国家机关差旅费管理办法

第一章 总 则

第一条 为加强和规范中央和国家机关国内差旅费管理，推进厉行节约反对浪费，根据《党政机关厉行节约反对浪费条例》，制定本办法。

第二条 本办法适用于中央和国家机关，以及参照公务员法管理的事业单位（以下简称中央单位）。

本办法所称中央和国家机关，是指党中央各部门，国务院各部委、各直属机构，全国人大常委会办公厅，全国政协办公厅，最高人民法院，最高人民检察院，各人民团体、各民主党派中央和全国工商联。

第三条 差旅费是指工作人员临时到常驻地以外地区公务出差所发生的城市间交通费、住宿费、伙食补助费和市内交通费。

第四条 中央单位应当建立健全公务出差审批制度。出差必须按规定报经单位有关领导批准，从严控制出差人数和天数；严格差旅费预算管理，控制差旅费支出规模；严禁无实质内容、无明确公务目的的差旅活动，严禁以任何名义和方式变相旅游，严禁异地部门间无实质内容的学习交流和考察调研。

第五条 财政部按照分地区、分级别、分项目的原则制定差旅费标准，并根据经济社会发展水平、市场价格及消费水平变动情况适时调整。

第二章 城市间交通费

第六条 城市间交通费是指工作人员因公到常驻地以外地区出差乘坐火车、轮船、飞机等交通工具所发生的费用。

第七条 出差人员应当按规定等级乘坐交通工具。乘坐交通工具的等级见下表：

交通工具 级别	火车（含高铁、动车、全列软席列车）	轮船 （不包括旅游船）	飞机	其他交通工具 （不包括出租小汽车）
部级及相当职务的人员	火车软席（软座、软卧）高铁/动车商务座，全列软席列车一等软座	一等舱	头等舱	凭据报销
司局级及相当职务人员	火车软席（软座、软卧），高铁/动车一等座，全列软席列车一等软座	二等舱	经济舱	凭据报销
其余人员	火车硬席（硬座、硬卧），高铁/动车二等座、全列软席列车二等软座	三等舱	经济舱	凭据报销

部级及相当职务人员出差，因工作需要，随行一人可乘坐同等级交通工具。

未按规定等级乘坐交通工具的，超支部分由个人自理。

第八条 到出差目的地有多种交通工具可选择时，出差人员在不影响公务、确保安全的前提下，应当选乘经济便捷的交通工具。

第九条 乘坐飞机的，民航发展基金、燃油附加费可以凭据报销。

第十条 乘坐飞机、火车、轮船等交通工具的，每人次可以购买交通意外保险一份。所在单位统一购买交通意外保险的，不再重复购买。

第三章　住宿费

第十一条　住宿费是指工作人员因公出差期间入住宾馆（包括饭店、招待所，下同）发生的房租费用。

第十二条　财政部分地区制定住宿费限额标准。各省、自治区、直辖市和计划单列市财政厅（局）根据当地经济社会发展水平、市场价格、消费水平等因素，提出所在市（省会城市、直辖市、计划单列市，下同）的住宿费限额标准报财政部，经财政部统筹研究提出意见反馈地方审核确认后，由财政部统一发布作为中央单位工作人员到相关地区出差的住宿费限额标准。

对于住宿价格季节性变化明显的城市，住宿费限额标准在旺季可适当上浮一定比例，具体规定由财政部另行发布。

第十三条　部级及相当职务人员住普通套间，司局级及以下人员住单间或标准间。

第十四条　出差人员应当在职务级别对应的住宿费标准限额内，选择安全、经济、便捷的宾馆住宿。

第四章　伙食补助费

第十五条　伙食补助费是指对工作人员在因公出差期间给予的伙食补助费用。

第十六条　伙食补助费按出差自然（日历）天数计算，按规定标准包干使用。

第十七条　财政部分地区制定伙食补助费标准。各省、自治区、直辖市和计划单列市财政厅（局）负责根据当地经济社会发展水平、市场价格、消费水平等因素，参照所在市公务接待工作餐、会议用餐等标准提出伙食补助费标准报财政部，经财政部统筹研究提出意见反馈地方审核确认后，由财政部统一发布作为中央单位工作人员到相关地区出差的伙食补助费标准。

第十八条 出差人员应当自行用餐。凡由接待单位统一安排用餐的，应当向接待单位交纳伙食费。

第五章 市内交通费

第十九条 市内交通费是指工作人员因公出差期间发生的市内交通费用。

第二十条 市内交通费按出差自然（日历）天数计算，每人每天80元包干使用。

第二十一条 出差人员由接待单位或其他单位提供交通工具的，应向接待单位或其他单位交纳相关费用。

第六章 报销管理

第二十二条 出差人员应当严格按规定开支差旅费，费用由所在单位承担，不得向下级单位、企业或其他单位转嫁。

第二十三条 城市间交通费按乘坐交通工具的等级凭据报销，订票费、经批准发生的签转或退票费、交通意外保险费凭据报销。

住宿费在标准限额之内凭发票据实报销。

伙食补助费按出差目的地的标准报销，在途期间的伙食补助费按当天最后到达目的地的标准报销。

市内交通费按规定标准报销。

未按规定开支差旅费的，超支部分由个人自理。

第二十四条 工作人员出差结束后应当及时办理报销手续。差旅费报销时应当提供出差审批单、机票、车票、住宿费发票等凭证。

住宿费、机票支出等按规定用公务卡结算。

第二十五条 财务部门应当严格按规定审核差旅费开支，对未经批准出差以及超范围、超标准开支的费用不予报销。

实际发生住宿而无住宿费发票的，不得报销住宿费以及城市间交通费、伙食补助费和市内交通费。

第七章　监督问责

第二十六条 各单位应当加强对本单位工作人员出差活动和经费报销的内控管理，对本单位出差审批制度、差旅费预算及规模控制负责，相关领导、财务人员等对差旅费报销进行审核把关，确保票据来源合法，内容真实完整、合规。对未经批准擅自出差、不按规定开支和报销差旅费的人员进行严肃处理。

一级预算单位应当强化对所属预算单位的监督检查，发现问题及时处理，重大问题向财政部报告。

各单位应当自觉接受审计部门对出差活动及相关经费支出的审计监督。

第二十七条 财政部会同有关部门对中央单位差旅费管理和使用情况进行监督检查。主要内容包括：

（一）单位差旅审批制度是否健全，出差活动是否按规定履行审批手续；

（二）差旅费开支范围和标准是否符合规定；

（三）差旅费报销是否符合规定；

（四）是否向下级单位、企业或其他单位转嫁差旅费；

（五）差旅费管理和使用的其他情况。

第二十八条 出差人员不得向接待单位提出正常公务活动以外的要求，不得在出差期间接受违反规定用公款支付的宴请、游览和非工作需要的参观，不得接受礼品、礼金和土特产品等。

第二十九条 违反本办法规定，有下列行为之一的，依法依规追究相关单位和人员的责任：

（一）单位无出差审批制度或出差审批控制不严的；

（二）虚报冒领差旅费的；

（三）擅自扩大差旅费开支范围和提高开支标准的；

（四）不按规定报销差旅费的；

（五）转嫁差旅费的；

（六）其他违反本办法行为的。

有前款所列行为之一的，由财政部会同有关部门责令改正，违规资金应予追回，并视情况予以通报。对直接责任人和相关负责人，报请其所在单位按规定给予行政处分。涉嫌违法的，移送司法机关处理。

第八章 附 则

第三十条 工作人员外出参加会议、培训，举办单位统一安排食宿的，会议、培训期间的食宿费和市内交通费由会议、培训举办单位按规定统一开支；往返会议、培训地点的差旅费由所在单位按照规定报销。

第三十一条 不参照公务员法管理的事业单位参照本办法执行。

各单位应当根据本办法，结合本单位实际情况制定具体操作规定。

中国人民解放军和中国人民武装警察部队的差旅费管理办法参

照本办法另行规定。

第三十二条　本办法由财政部负责解释。

第三十三条　本办法自 2014 年 1 月 1 日起施行。2006 年 11 月 13 日发布的《财政部关于印发〈中央国家机关和事业单位差旅费管理办法〉的通知》（财行〔2006〕313 号）同时废止，其他有关中央国家机关和事业单位差旅费管理规定与本办法不一致的，按照本办法执行。

附表：

中央和国家机关差旅住宿费和伙食补助费标准表

单位：元

省份	住宿费标准			伙食补助费标准
	部级 （普通套间）	司局级 （单间或标准间）	其他人员 （单间或标准间）	
北京	800	500	350	100
天津	800	450	320	100
河北	800	450	310	100
山西	800	480	310	100
内蒙古	800	460	320	100
辽宁	800	480	330	100
大连	800	490	340	100
吉林	800	450	310	100
黑龙江	800	450	310	100
上海	800	500	350	100
江苏	800	490	340	100
浙江	800	490	340	100
宁波	800	450	330	100

续表

省份	住宿费标准			伙食补助费标准
	部级 (普通套间)	司局级 (单间或标准间)	其他人员 (单间或标准间)	
安徽	800	460	310	100
福建	800	480	330	100
厦门	800	490	340	100
江西	800	470	320	100
山东	800	480	330	100
青岛	800	490	340	100
河南	800	480	330	100
湖北	800	480	320	100
湖南	800	450	330	100
广东	800	490	340	100
深圳	800	500	350	100
广西	800	470	330	100
海南	800	500	350	100
重庆	800	480	330	100
四川	800	470	320	100
贵州	800	470	320	100
云南	800	480	330	100
西藏	800	500	350	120
陕西	800	460	320	100
甘肃	800	470	330	100
青海	800	500	350	120
宁夏	800	470	330	100
新疆	800	480	340	120

财政部关于印发《中央和国家机关差旅费管理办法有关问题的解答》的通知

(2014年9月15日 财办行〔2014〕90号)

党中央有关部门财务部门,国务院各部委、各直属机构财务部门,全国人大常委会办公厅机关事务管理局,全国政协办公厅机关事务管理局,高法院行装局,高检院计财局,有关人民团体财务部门,各民主党派中央办公厅,新疆生产建设兵团财务局:

《中央和国家机关差旅费管理办法》(财行〔2013〕531号)印发后,我们陆续接到有关部门和人员电话咨询差旅费管理办法执行的一些具体问题。为方便操作,我们制定了《中央和国家机关差旅费管理办法有关问题的解答》。现予印发,请在工作中遵循。

附件:中央和国家机关差旅费管理办法有关问题的解答

财政部办公厅
2014年9月15日

附件：

中央和国家机关差旅费管理办法有关问题的解答

1. 出差人员由接待单位统一安排食宿的如何交伙食费？

除接待单位按照《党政机关国内公务接待管理规定》安排的一次工作餐外，出差人员就餐应当自行解决。接待单位协助安排就餐的，出差人员应当在差旅费管理办法规定的标准内向接待单位交纳相应的伙食费。接待单位应向出差人员出具接收凭证（不作报销依据），收取的伙食费用于抵顶接待单位的招待费支出。

2. 出差人员由接待单位或其他单位提供交通工具的如何交市内交通费？

市内交通应由出差人员自行解决。接待单位提供交通工具的，出差人员应当在差旅费管理办法规定的标准内向接待单位交纳市内交通费。接待单位应向出差人员出具接收凭证（不作报销依据），收取的市内交通费用于抵顶接待单位的车辆运行支出。

3. 出差人员实际发生住宿而无住宿发票的差旅费如何报销？

出差人员实际发生住宿而无住宿费发票的，如果是住在自己家里的，或到边远地区出差，无法取得住宿费发票的，由出差人员说明情况并经所在部门领导批准，可以报销城市间交通费、伙食补助费和市内交通费，其他情况一般不予报销差旅费。

4. 中央在京单位工作人员到远郊区县开展公务活动如何报销差旅费？

中央在京单位工作人员到远郊区县参加会议、培训的，不报销住宿费、伙食补助费和市内交通费；到远郊区县开展其他公务活动且实际发生住宿、伙食、交通等费用的，按照差旅费管理办法的规定标准报销。统一安排伙食、交通工具的，不再报销伙食补助费和市内交通费。

北京市远郊区县是指门头沟区、房山区、通州区、顺义区、昌平区、大兴区、怀柔区、平谷区、密云县、延庆县。

5. 工作人员调动搬迁路费如何报销？

中央和国家机关工作人员因调动工作发生的城市间交通费、住宿费、伙食补助费和市内交通费，由调入单位按照差旅费管理办法的规定予以一次性报销。随迁家属和搬迁家具发生的费用由调动人员自理。

6. 出差人员符合乘坐火车软卧条件而改乘软座的是否给予补助？

差旅费管理办法规定的交通工具等级是出差人员可以乘坐交通工具的上限。出差人员应严格按照差旅费管理办法规定的等级乘坐相应交通工具，符合乘坐火车软卧条件而改乘软座的，不给予补助。

7. 经单位领导批准工作人员出差期间回家省亲办事的差旅费如何报销？

工作人员出差期间回家省亲办事的，城市间交通费按不高于从出差目的地返回单位按规定乘坐相应交通工具的票价予以报销，超出部分由个人自理；伙食补助费和市内交通费按从出差目的地返回单位的天数（扣除回家省亲办事的天数）和规定标准予以报销。

8. 参加会议、培训的差旅费如何报销？

到常驻地以外参加会议、培训的，会议、培训期间执行会议和培训费的相关制度。往返会议、培训地点发生的城市间交通费、伙食补助费和市内交通费按照差旅费管理办法的规定报销。其中，伙食补助费和市内交通费按往返各1天计发，当天往返的按1天计发。

9. 出差乘坐飞机的，从驻地到机场的交通费如何报销？

新修订的差旅费管理办法对市内交通费实行包干办法，按出差自然天数每人每天80元包干使用。往返驻地和机场的交通费在按规定发放的市内交通费内统筹解决，不再另外报销。

10. 出差人员是否可以乘坐全列软席列车软卧？

出差人员原则上乘坐全列软席列车软座，但在晚8时至次日晨7时期间乘车时间6小时以上的，或连续乘车超过12小时的，经单位领导批准，可以乘坐软卧，按照软卧车票报销。

11. 中央和国家机关工作人员出差是否还要入住定点饭店？

新修订的《中央和国家机关差旅费管理办法》不要求出差人员必须入住定点饭店，从2015年起，财政部也不再组织招标采购出差的定点饭店。

12. 司局级以下级别人员是否要求2人住1间房？

新修订的差旅费管理办法实行分地区按级别制定每人每天住宿费开支标准，在规定标准之内出差人员可以自行选择与其级别相适应的房间类型，对2人住1间房不再作硬性规定。

财政部关于印发《中央和国家机关工作人员赴地方差旅住宿费标准明细表》的通知

(2016年4月1日 财行〔2016〕71号)

党中央有关部门，国务院各部委、各直属机构，全国人大常委会办公厅，全国政协办公厅，高法院，高检院，各民主党派中央，全国工商联，有关人民团体：

按照《关于调整中央和国家机关差旅住宿费标准等有关问题的通知》（财行〔2015〕497号）的有关规定，中央和国家机关工作人员到各省会城市、直辖市、计划单列市出差，执行财政部制定的住宿费上限标准；到各省、自治区、直辖市、计划单列市所辖市县出差执行地方财政部门制定的住宿费标准。根据财政部的统一部署，目前，各地财政部门已将差旅住宿费标准细化到地市。为方便执行，我们将相关标准汇总整理后，制定了《中央和国家机关工作人员赴地方差旅住宿费标准明细表》，现印发给你们，自2016年5月1日起执行。

该明细标准已同时发布在财政部门户网站行政政法司子网站（xzzf.mof.gov.cn）政策发布栏目，各部门可根据需要自行下载。今后标准如有调整，我部将及时更新。

附件：中央和国家机关工作人员赴地方差旅住宿费标准明细表

财政部

2016 年 4 月 1 日

附件：

中央和国家机关工作人员赴地方差旅住宿费标准明细表

单位：元/人·天

序号	地区（城市）	住宿费标准			旺季地区	旺季浮动标准			
							旺季上浮价		
		部级	司局级	其他人员		旺季期间	部级	司局级	其他人员
1	北京 全市	1100	650	500					
2	天津	6个中心城区、滨海新区、东丽区、西青区、津南区、北辰区、武清区、宝坻区、静海区、蓟县							
		800	480	380					
		宁河区							
		600	350	320					
3	河北	石家庄市、张家口市、秦皇岛市、廊坊市、承德市、保定市			张家口市	7—9月、11—3月	1200	675	525
		800	450	350	秦皇岛市	7—8月	1200	680	500
					承德市	7—9月	1000	580	580
		其他地区	800	450	310				
4	山西	太原市、大同市、晋城市	800	480	350				
		临汾市	800	480	330				
		阳泉市、长治市、晋中市	800	480	310				
		其他地区	800	400	240				

续表

序号	地区（城市）		住宿费标准			旺季地区	旺季浮动标准			
			部级	司局级	其他人员		旺季期间	旺季上浮价		
								部级	司局级	其他人员
5	内蒙古	呼和浩特市	800	460	350					
		其他地区	800	460	320	海拉尔市、满洲里市、阿尔山市	7—9月	1200	690	480
						二连浩特市	7—9月	1000	580	400
						额济纳旗	9—10月	1200	690	480
6	辽宁	沈阳市	800	480	350					
		其他地区	800	480	330					
7	大连	全市	800	490	350	全市	7—9月	960	590	420
8	吉林	长春市、吉林市、延边州、长白山管理区	800	450	350	吉林市、延边州、长白山管理区	7—9月	960	540	420
		其他地区	750	400	300					
9	黑龙江	哈尔滨市	800	450	350	哈尔滨市	7—9月	960	540	420
		其他地区	750	450	300	牡丹江市、伊春市、大兴安岭地区、黑河市、佳木斯市	6—8月	900	540	360
10	上海	全市	1100	600	500					
11	江苏	南京市、苏州市、无锡市、常州市、镇江市	900	490	380					
		其他地区	900	490	360					
12	浙江	杭州市	900	500	400					
		其他地区	800	490	340					
13	宁波	全市	800	450	350					
14	安徽	全省	800	460	350					

续表

序号	地区（城市）		住宿费标准			旺季地区	旺季浮动标准			
			部级	司局级	其他人员		旺季期间	旺季上浮价		
								部级	司局级	其他人员
15	福建	福州市、泉州市、平潭综合实验区	900	480	380					
		其他地区	900	480	350					
16	厦门	全市	900	500	400					
17	江西	全省	800	470	350					
18	山东	济南市、淄博市、枣庄市、东营市、烟台市、潍坊市、济宁市、泰安市、威海市、日照市	800	480	380	烟台市、威海市、日照市	7—9月	960	570	450
		其他地区	800	460	360					
19	青岛	全市	800	490	380	全市	7—9月	960	590	450
20	河南	郑州市	900	480	380					
		其他地区	800	480	330	洛阳市	4—5月上旬	1200	720	500
21	湖北	武汉市	800	480	350					
		其他地区	800	480	320					
22	湖南	长沙市	800	450	350					
		其他地区	800	450	330					
23	广东	广州市、珠海市、佛山市、东莞市、中山市、江门市	900	550	450					
		其他地区	850	530	420					
24	深圳	全市	900	550	450					
25	广西	南宁市	800	470	350					
		其他地区	800	470	330	桂林市、北海市	1—2月、7—9月	1040	610	430

续表

序号	地区（城市）	住宿费标准			旺季地区	旺季浮动标准			
						旺季期间	旺季上浮价		
		部级	司局级	其他人员			部级	司局级	其他人员
26	海南	海口市、三沙市、儋州市、五指山市、文昌市、琼海市、万宁市、东方市、定安县、屯昌县、澄迈县、临高县、白沙县、昌江县、乐东县、陵水县、保亭县、琼中县、洋浦开发区							
		800	500	350	海口市、文昌市、澄迈县	11—2月	1040	650	450
					琼海市、万宁市、陵水县、保亭县	11—3月	1040	650	450
		三亚市 1000	600	400	三亚市	10—4月	1200	720	480
27	重庆	9个中心城区、北部新区	800	480	370				
		其他地区	770	450	300				
28	四川	成都市	900	470	370				
		阿坝州、甘孜州	800	430	330				
		绵阳市、乐山市、雅安市	800	430	320				
		宜宾市	800	430	300				
		凉山州	750	430	330				
		德阳市、遂宁市、巴中市	750	430	310				
		其他地区	750	430	300				
29	贵州	贵阳市	800	470	370				
		其他地区	750	450	300				
30	云南	昆明市、大理州、丽江市、迪庆州、西双版纳州	900	480	380				
		其他地区	900	480	330				
31	西藏	拉萨市	800	500	350	拉萨市	6—9月	1200	750	530
		其他地区	500	400	300	其他地区	6—9月	800	500	350

续表

序号	地区（城市）		住宿费标准			旺季地区	旺季浮动标准			
			部级	司局级	其他人员		旺季期间	旺季上浮价		
								部级	司局级	其他人员
32	陕西	西安市	800	460	350					
		榆林市、延安市	680	350	300					
		杨凌区	680	320	260					
		咸阳市、宝鸡市	600	320	260					
		渭南市、韩城市	600	300	260					
		其他地区	600	300	230					
33	甘肃	兰州市	800	470	350					
		其他地区	700	450	310					
34	青海	西宁市	800	500	350	西宁市	6—9月	1200	750	530
		玉树州、果洛州	600	350	300	玉树州	5—9月	900	525	450
		海北州、黄南州	600	350	250	海北州、黄南州	5—9月	900	525	375
		海东市、海南州	600	300	250	海东市、海南州	5—9月	900	450	375
		海西州	600	300	200	海西州	5—9月	900	450	300
35	宁夏	银川市	800	470	350					
		其他地区	800	430	330					
36	新疆	乌鲁木齐市	800	480	350					
		石河子市、克拉玛依市、昌吉州、伊犁州、阿勒泰地区、博州、吐鲁番市、哈密地区、巴州、和田地区	800	480	340					
		克州	800	480	320					
		喀什地区	780	480	300					
		阿克苏地区	700	450	300					
		塔城地区	700	400	300					

财政部关于调整中央和国家机关差旅住宿费标准等有关问题的通知

(2015年9月30日 财行〔2015〕497号)

党中央有关部门，国务院各部委、各直属机构，全国人大常委会办公厅，全国政协办公厅，高法院，高检院，各人民团体，各民主党派中央，新疆生产建设兵团：

为贯彻落实《党政机关厉行节约反对浪费条例》和差旅费制度关于标准应适时调整的规定，进一步规范和加强中央和国家机关差旅费管理，提高差旅住宿费标准的科学性、有效性，综合考虑近两年全国各地区宾馆（饭店）住宿费价格变动、实际工作需要、淡旺季等因素，经研究决定，自2016年1月1日起调整《中央和国家机关差旅费管理办法》（财行〔2013〕531号）规定的差旅住宿费标准。现就有关事项通知如下：

一、调整北京、上海等11个城市部级干部住宿费标准、7个城市司局级干部住宿费标准和33个城市处级及以下干部住宿费标准，具体标准见附表。

二、拉萨、西宁、哈尔滨、海口、大连、青岛等6个受地理、气候等自然条件限制和季节性热点影响较大的城市试行差旅住宿费淡旺季标准。旺季期间及上浮后标准见附表。

三、调整后的差旅住宿费标准是中央和国家机关工作人员到各省会城市、直辖市、计划单列市出差的住宿费上限标准，各类人员应当坚持勤俭节约原则，根据职级对应的住宿费标准自行选择宾馆住宿（不分房型），在限额标准内据实报销。

中央和国家机关工作人员到各省、自治区、直辖市、计划单列市所辖地、州、市（县）出差执行当地财政部门制定的差旅住宿费标准。各地、州、市（县）差旅住宿费标准未制定公布前，可暂按其省会城市住宿费标准执行。

四、各单位应当严格按照差旅费制度和厉行节约反对浪费的有关规定，加强出差审批管理，从严控制出差人数和天数，严格差旅费预算管理和报销审核，控制差旅费支出规模。对违反差旅费管理规定的行为，有关部门应依法依规追究相关单位和人员的责任。

附件：中央和国家机关国内差旅住宿费标准调整表

财政部

2015年9月30日

附件：

中央和国家机关国内差旅住宿费标准调整表

单位：元/人，天

序号	地区（城市）	住宿费标准			淡旺季浮动标准建议				
		部级	司局级	其他人员	旺季期间	旺季上浮价			上浮比例
						部级	司局级	其他人员	
1	北京市	1100	650	500					
2	天津市	800	480	380					
3	河北省（石家庄）	800	450	350					
4	山西省（太原）	800	480	350					
5	内蒙古（呼和浩特）	800	460	350					
6	辽宁省（沈阳）	800	480	350					
7	大连市	800	490	350	7-9月	960	590	420	20%
8	吉林省（长春）	800	450	350					
9	黑龙江省（哈尔滨）	800	450	350	7-9月	960	540	420	20%
10	上海市	1100	600	500					
11	江苏省（南京）	900	490	380					
12	浙江省（杭州）	900	500	400					
13	宁波市	800	450	350					
14	安徽省（合肥）	800	460	350					
15	福建省（福州）	900	480	380					
16	厦门市	900	500	400					
17	江西省（南昌）	800	470	350					
18	山东省（济南）	800	480	380					
19	青岛市	800	490	380	7-9月	960	590	450	20%
20	河南省（郑州）	900	480	380					
21	湖北省（武汉）	800	480	350					
22	湖南省（长沙）	800	450	350					

续表

序号	地区（城市）	住宿费标准			淡旺季浮动标准建议				上浮比例
		部级	司局级	其他人员	旺季期间	旺季上浮价			
						部级	司局级	其他人员	
23	广东省（广州）	900	550	450					
24	深圳市	900	550	450					
25	广 西（南宁）	800	470	350					
26	海南省（海口）	800	500	350	11-2月	1040	650	450	30%
27	重庆市	800	480	370					
28	四川省（成都）	900	470	370					
29	贵州省（贵阳）	800	470	370					
30	云南省（昆明）	900	480	380					
31	西 藏（拉萨）	800	500	350	6-9月	1200	750	530	50%
32	陕西省（西安）	800	460	350					
33	甘肃省（兰州）	800	470	350					
34	青海省（西宁）	800	500	350	6-9月	1200	750	530	50%
35	宁 夏（银川）	800	470	350					
36	新 疆（乌鲁木齐）	800	480	350					

财政部办公厅　国管局办公室　中直管理局办公室印发《关于规范差旅伙食费和市内交通费收交管理有关事项的通知》

（2019年7月3日　财办行〔2019〕104号）

各省、自治区、直辖市、计划单列市财政厅（局）、机关事务主管部门，新疆生产建设兵团财政局、机关事务管理局，党中央有关部门办公厅（室），国务院各部委、各直属机构办公厅（室），全国人大常委会办公厅秘书局，全国政协办公厅秘书局，高法院办公厅，高检院办公厅，各民主党派中央办公厅，有关人民团体办公厅（室）：

为进一步贯彻落实中央八项规定精神，严肃财经纪律，根据《党政机关厉行节约反对浪费条例》《党政机关国内公务接待管理规定》《中央和国家机关差旅费管理办法》等规章制度，现就规范差旅伙食费和市内交通费收交管理有关事项通知如下：

一、中央单位出差人员（以下称出差人员）出差期间按规定领取伙食补助费。除确因工作需要由接待单位按规定安排的一次工作餐外，用餐费用自行解决。出差人员需接待单位协助安排用餐的，应当提前告知控制标准，并向伙食提供方交纳伙食费。

在单位内部食堂用餐，有对外收费标准的，出差人员按标准交纳；没有对外收费标准的，早餐按照日伙食补助费标准的20%交纳，午餐、晚餐按照日伙食补助费标准的40%交纳。在宾馆、饭店等餐饮服务单位用餐的，按照餐饮服务单位收费标准交纳相关费用。

二、出差人员出差期间按规定领取市内交通费。接待单位协助提供交通工具并有收费标准的，出差人员按标准交纳，最高不超过日市内交通费标准；没有收费标准的，每人每半天按照日市内交通费标准的50%交纳。

三、接待单位协助安排用餐、提供交通工具的，出差人员应当索取相应的行政事业单位资金往来结算票据或税务发票等凭证，个人保存备查，不作为报销依据。

四、接待单位应当按规定收取出差人员相关费用，及时出具行政事业单位资金往来结算票据或税务发票；确实无法出具上述凭证的，可出具其他收款凭证。加强收取费用的管理，做好业务台账登记，纳入统一核算，所收费用可作为代收款项用于相关支出或作收入处理。

五、各地区各部门要督促接待单位按照中央八项规定精神和党政机关公务接待管理有关规定，进一步完善内部管理制度，合理制定收费标准，协助安排用餐应当根据出差人员告知的控制标准合理安排。

六、各地要结合本地区实际，制定本地区出差人员差旅伙食费和市内交通费收交管理规定。中央单位可根据本通知要求，制定本单位差旅伙食费和市内交通费交纳、报销具体操作规定。

七、本通知自2019年8月1日起施行。

财政部办公厅　国管局办公室　中直管理局办公室
2019年7月3日

财政部 中国民用航空局关于加强公务机票购买管理有关事项的通知

(2014年4月14日 财库〔2014〕33号)

党中央有关部门，国务院各部委、各直属机构，全国人大常委会办公厅，全国政协办公厅，高法院，高检院，各人民团体，各民主党派，各省、自治区、直辖市、计划单列市人民政府外事办公室、财政厅（局），新疆生产建设兵团财务局、外事局：

为贯彻落实《党政机关厉行节约反对浪费条例》要求，规范公务机票购买行为，根据《财政部外交部关于印发〈因公临时出国经费管理办法〉的通知》（财行〔2013〕516号）及政府采购相关制度规定，现就加强公务机票购买管理的有关事项通知如下：

一、各级国家机关、事业单位和团体组织工作人员，以及使用财政性资金购买公务机票的其他人员（以下简称购票人），国内出差、因公临时出国购买机票，应当按照厉行节约和支持本国航空公司发展的原则，优先购买通过政府采购方式确定的我国航空公司（以下简称国内航空公司）航班优惠机票。

二、国内航空公司按政府采购合同约定给予公务机票优惠。对于市场折扣机票，各航空公司按国内、国际机票各航班舱位的折扣票价给予9.5折优惠；对于市场全价机票，则分别给予全价票价的8.8折、8.5折优惠。政府采购机票优惠率的变动情况，将在政府采购机票管理网站（www.gpticket.org）上发布。

三、因公临时出国时，购票人应当选择直达目的地国家（地区）的国内航空公司航班出入境，没有直达航班的，应当选择国内航空公司航班到达的最邻近目的地国家（地区）进行中转。因中转1次以上（不含1次）等特殊原因确需选择非国内航空公司航班，以及因最临近目的地国家（地区）中转需办理过境签证而选择其他邻近中转地的，应当填写《乘坐非国内航空公司航班和改变中转地审批表》（见附件），事先报经单位外事部门和财务部门审批同意。

四、购票人应当做好公务出行计划安排，尽可能选择低价机票，原则上不得购买全价机票。对于各航空公司提供的低于政府采购优惠票价的团队价格或促销价格机票，购票人可选择购买，但不再享受政府采购优惠。购票人需要退改签机票的，按照各航空公司的退改签规定办理。

五、购票人可直接使用公务卡在政府采购机票管理网站购买机票，也可通过具备中国民航机票销售资质的各航空公司直销机构或机票销售代理机构，使用公务卡或银行转账方式购买机票。使用公务卡购票的，应当提前在政府采购机票管理网站进行公务卡注册或通过电话方式注册。使用银行转账方式购票的，需要在支票、汇款等票据上标注资金用途为"公务机票购票款"，填写的单位名称应与系统记录的单位名称一致。

六、各部门各单位要严格公务机票报销管理，购买国内航空公司航班机票的，应当以标注有政府采购机票查验号码的《航空运输电子客票行程单》作为报销凭证；购买非国内航空公司航班机票的，应当以相关有效票据作为报销凭证,并附经单位外事部门和财务部门出具审核意见的审批表。单位财务人员如需对购票单位、购票时间及购票价格等信息进行核实的,可登录政府采购机票管理网站按查验号码查询。

七、各级外事、财政、审计等部门应当将出国机票购买情况纳入因公临时出国情况联合检查的范围。各部门各单位在审计部门对因公临时出国经费管理使用情况进行审计时,应当提供乘坐非国内航空公司航班审批表等机票购买活动的资料以及经费管理使用的资料。

八、各级财政部门应当按预算级次整理本级预算单位名称全称、组织机构代码等信息,在本级预算单位实施公务机票购买管理改革前,按规定格式提供给中国民用航空局清算中心。中央预算单位信息由财政部提供,地方各级预算单位信息由省级财政部门审核汇总后提供。预算单位相关信息变更的,各级财政部门也按此要求办理。

九、中国民用航空局清算中心具体承担公务机票购买的相关执行工作,统一与各航空公司、机票销售机构签订服务合同,协调处理各中央预算单位和地方财政部门书面反映的航空公司执行优惠率、机票销售机构履行服务承诺等方面的问题,定期向各级财政部门报送公务机票购买执行情况。

十、中央预算单位从2014年6月1日起开始实施公务机票购买管理改革。各省级财政部门要统筹安排本地区改革工作,省级预算单位在2014年底前实施,地市级及以下级预算单位在2015年底前全部实施。

十一、各航空公司航班市场票价和政府采购优惠票价,预算单位基础信息表,公务卡注册流程,公务机票购买操作手册,以及国内航空公司和机票销售机构名录等内容，见政府采购机票管理网站。

十二、各地区各部门各单位可根据本通知规定，结合实际制定相应的实施细则。

十三、各中央部门和省级财政部门在实施工作中，有关政策制定、执行中的意见和建议，请与财政部国库司联系，联系电话：010-68552389。有关预算单位信息提供、购票中出现问题的处理等操作执行方面的问题，请与中国民用航空局清算中心联系，联系电话：010-84669065。

附件：乘坐非国内航空公司航班和改变中转地审批表

财政部　中国民用航空局

2014年4月14日

附件：

乘坐非国内航空公司航班和改变中转地审批表

编号：　　　　　　　　　　　　　　填表日期：　年　月　日

团组名称			
组团单位		团员人数	
出访国家（地区）		出访时间	
乘坐航班			
选择非国内航空公司航班原因，或者改变最邻近目的地国家（地区）中转地原因			
外事部门审核意见			
审核单位		审核日期	
审核意见			
财务部门审核意见			
审核单位		审核日期	
审核意见			

财政部 中国民用航空局关于加强公务机票购买管理有关事项的补充通知

(2014年11月3日 财库〔2014〕180号)

党中央有关部门，国务院各部委、各直属机构，全国人大常委会办公厅，全国政协办公厅，高法院，高检院，各人民团体，各民主党派，各省、自治区、直辖市、计划单列市财政厅（局），新疆生产建设兵团财政局：

为完善和推进公务机票购买管理改革工作，进一步落实《财政部 中国民用航空局关于加强公务机票购头管埋有关事项的通知》（财库〔2014〕33号）要求，现就公务机票购买有关问题补充通知如下：

一、关于完善公务机票购买方式问题

购票人可使用公务卡在政府采购机票管理网站、各航空公司直销机构或具备机票销售资质的代理机构为本人或其他公务人员购票，但需要保证出行公务人员持有的公务卡必须开通且在有效期内。购票人在政府采购机票管理网站购票的，应当事先在网站进行用户注册。购票人为未办理公务卡、公务卡额度不足的人员以及需要购买公务机票的其他人员购票的，可使用银行转账方式在各航空公司直销机构或具备机票销售资质的代理机构购票。

二、关于购买市场低价机票问题

为进一步贯彻落实厉行节约和支持本国航空公司发展的要求，国内出差、因公临时出国购买机票，购票人可以购买市场上公务机票销售渠道外低于政府采购优惠票价的国内航空公司航班机票，购票时应当保留从各航空公司官方网站或者政府采购机票管理网站下载的出行日期机票市场价格截图等证明其低于购票时点政府采购优惠票价的材料。

三、关于公务机票报销问题

购票人报销政府采购机票销售渠道购买的机票退票手续费时，可以各航空公司或机票销售代理机构出具的退款单据作为报销凭证。报销购买市场低价机票的费用时，应当提供低于政府采购优惠票价的证明材料。

第四部分　培训费

财政部　中共中央组织部　国家公务员局关于印发《中央和国家机关培训费管理办法》的通知

(2016年12月27日　财行〔2016〕540号)

党中央各部门，国务院各部委、各直属机构，全国人大常委会办公厅，全国政协办公厅，高法院，高检院，各人民团体，各民主党派中央，全国工商联，新疆生产建设兵团财务局、组织部、公务员局：

　　为进一步推进厉行节约反对浪费制度体系建设，推进干部教育培训事业持续健康发展，我们对《中央和国家机关培训费管理办法》（财行〔2013〕523号）进行了修订。现将修订后的《中央和国家机关培训费管理办法》印发给你们，请认真遵照执行。

　　附件：中央和国家机关培训费管理办法

财政部　中共中央组织部　国家公务员局
2016年12月27日

附件：

中央和国家机关培训费管理办法

第一章 总 则

第一条 为进一步规范中央和国家机关培训工作，保证培训工作需要，加强培训经费管理，依据《中华人民共和国公务员法》《干部教育培训工作条例》和其他有关法律法规，制定本办法。

第二条 本办法所称培训，是指中央和国家机关及其所属机构使用财政资金在境内举办的三个月以内的各类培训。

第三条 本办法所称中央和国家机关，是指党中央各部门，国务院各部委、各直属机构，全国人大常委会办公厅，全国政协办公厅，最高人民法院，最高人民检察院，各人民团体，各民主党派中央和全国工商联（以下简称各单位）。

第四条 各单位举办培训应当坚持厉行节约、反对浪费的原则，实行单位内部统一管理，增强培训计划的科学性和严肃性，增强培训项目的针对性和实效性，保证培训质量，节约培训资源，提高培训经费使用效益。

第二章 计划和备案管理

第五条 建立培训计划编报和审批制度。各单位培训主管部门制订的本单位年度培训计划（包括培训名称、目的、对象、内容、时间、地点、参训人数、所需经费及列支渠道等），经单位财务部门审核后，报单位领导办公会议或党组（党委）会议批准后施行。

第六条　年度培训计划一经批准，原则上不得调整。因工作需要确需临时增加培训项目的，报单位主要负责同志审批。

第七条　各单位年度培训计划于每年3月31日前同时报中央组织部、财政部、国家公务员局备案。

第三章　开支范围和标准

第八条　本办法所称培训费，是指各单位开展培训直接发生的各项费用支出，包括师资费、住宿费、伙食费、培训场地费、培训资料费、交通费以及其他费用。

（一）师资费是指聘请师资授课发生的费用，包括授课老师讲课费、住宿费、伙食费、城市间交通费等。

（二）住宿费是指参训人员及工作人员培训期间发生的租住房间的费用。

（三）伙食费是指参训人员及工作人员培训期间发生的用餐费用。

（四）培训场地费是指用于培训的会议室或教室租金。

（五）培训资料费是指培训期间必要的资料及办公用品费。

（六）交通费是指用于培训所需的人员接送以及与培训有关的考察、调研等发生的交通支出。

（七）其他费用是指现场教学费、设备租赁费、文体活动费、医药费等与培训有关的其他支出。

参训人员参加培训往返及异地教学发生的城市间交通费，按照中央和国家机关差旅费有关规定回单位报销。

第九条　除师资费外，培训费实行分类综合定额标准，分项核定、总额控制，各项费用之间可以调剂使用。综合定额标准如下：

单位：元/人天

培训类别	住宿费	伙食费	场地、资料、交通费	其他费用	合计
一类培训	500	150	80	30	760
二类培训	400	150	70	30	650
三类培训	340	130	50	30	550

一类培训是指参训人员主要为省部级及相应人员的培训项目。

二类培训是指参训人员主要为司局级人员的培训项目。

三类培训是指参训人员主要为处级及以下人员的培训项目。

以其他人员为主的培训项目参照上述标准分类执行。

综合定额标准是相关费用开支的上限。各单位应在综合定额标准以内结算报销。

30天以内的培训按照综合定额标准控制；超过30天的培训，超过天数按照综合定额标准的70%控制。上述天数含报到撤离时间，报到和撤离时间分别不得超过1天。

第十条　师资费在综合定额标准外单独核算。

（一）讲课费（税后）执行以下标准：副高级技术职称专业人员每学时最高不超过500元，正高级技术职称专业人员每学时最高不超过1000元，院士、全国知名专家每学时一般不超过1500元。

讲课费按实际发生的学时计算，每半天最多按4学时计算。

其他人员讲课费参照上述标准执行。

同时为多班次一并授课的，不重复计算讲课费。

（二）授课老师的城市间交通费按照中央和国家机关差旅费有关规定和标准执行，住宿费、伙食费按照本办法标准执行，原则上由培训举办单位承担。

（三）培训工作确有需要从异地（含境外）邀请授课老师，路途时间较长的，经单位主要负责同志书面批准，讲课费可以适当增加。

第四章 培训组织

第十一条 培训实行中央和地方分级管理，各单位举办培训，原则上不得下延至市、县及以下。

第十二条 各单位开展培训，应当在开支范围和标准内优先选择党校、行政学院、干部学院以及组织人事部门认可的其他培训机构承办。

第十三条 组织培训的工作人员控制在参训人员数量的10%以内，最多不超过10人。

第十四条 严禁借培训名义安排公款旅游；严禁借培训名义组织会餐或安排宴请；严禁组织高消费娱乐健身活动；严禁使用培训费购置电脑、复印机、打印机、传真机等固定资产以及开支与培训无关的其他费用；严禁在培训费中列支公务接待费、会议费；严禁套取培训费设立"小金库"。

培训住宿不得安排高档套房，不得额外配发洗漱用品；培训用餐不得上高档菜肴，不得提供烟酒；除必要的现场教学外，7日以内的培训不得组织调研、考察、参观。

第十五条 邀请境外师资讲课，须严格按照有关外事管理规定，履行审批手续。境内师资能够满足培训需要的，不得邀请境外师资。

第十六条 培训举办单位应当注重教学设计和质量评估，通过需求调研、课程设计和开发、专家论证、评估反馈等环节，推进培训工作科学化、精准化；注重运用大数据、"互联网+"等现代信息技术手段开展培训和管理。所需费用纳入部门预算予以保障。

第五章 报销结算

第十七条 报销培训费，综合定额范围内的，应当提供培训计划审批文件、培训通知、实际参训人员签到表以及培训机构出具的收款票据、费用明细等凭证；师资费范围内的，应当提供讲课费签收单或合同，异地授课的城市间交通费、住宿费、伙食费按照差旅费报销办法提供相关凭据；执行中经单位主要负责同志批准临时增加的培训项目，还应提供单位主要负责同志审批材料。

各单位财务部门应当严格按照规定审核培训费开支，对未履行审批备案程序的培训，以及超范围、超标准开支的费用不予报销。

第十八条 培训费的资金支付应当执行国库集中支付和公务卡管理有关制度规定。

第十九条 培训费由培训举办单位承担，不得向参训人员收取任何费用。

第六章 监督检查

第二十条 各单位应当将非涉密培训的项目、内容、人数、经费等情况，以适当方式公开。

第二十一条 各单位应当于每年3月31日前将上年度培训计划执行情况（包括培训名称、对象、内容、时间、地点、参训人数、工作人员数、经费开支及列支渠道、培训成效、问题建议等）报送中央组织部、财政部、国家公务员局。

第二十二条 中央组织部、财政部、国家公务员局等有关部门对各单位培训活动和培训费管理使用情况进行监督检查。主要内容包括：

（一）培训计划的编报是否符合规定；

（二）临时增加培训计划是否报单位主要负责同志审批；

（三）培训费开支范围和开支标准是否符合规定；

（四）培训费报销和支付是否符合规定；

（五）是否存在虚报培训费用的行为；

（六）是否存在转嫁、摊派培训费用的行为；

（七）是否存在向参训人员收费的行为；

（八）是否存在奢侈浪费现象；

（九）是否存在其他违反本办法的行为。

第二十三条 对于检查中发现的违反本办法的行为，由中央组织部、财政部、国家公务员局等有关部门责令改正，追回资金，并予以通报。对相关责任人员，按规定予以党纪政纪处分；涉嫌违法的，移交司法机关处理。

第七章 附 则

第二十四条 各单位可以按照本办法，结合本单位业务特点和工作实际，制定培训费管理具体规定。

第二十五条 中央组织部、国家公务员局组织的调训和统一培训，有关部门组织的援外培训，不适用本办法，按有关规定执行。

第二十六条 中央事业单位培训费管理参照本办法执行。

第二十七条 本办法由财政部会同中央组织部、国家公务员局负责解释。

第二十八条 本办法自2017年1月1日起施行。《中央和国家机关培训费管理办法》（财行〔2013〕523号）同时废止。

中共中央组织部关于印发
《干部教育培训学员管理规定》的通知

(2019年11月28日　中组发〔2019〕22号)

各省、自治区、直辖市党委组织部,中央和国家机关各部委、各人民团体组织人事部门,新疆生产建设兵团党委组织部,各中管金融企业党委,部分国有重要骨干企业党组(党委),部分高等学校党委:

现将《干部教育培训学员管理规定》印发给你们,请认真遵照执行,各级组织人事部门、干部教育培训机构和干部所在单位要高度重视,按照职责分工和干部管理权限,分级管理,分工负责,切实抓好学员管理工作。中央组织部将适时检查本规定落实情况。

中共中央组织部
2019年11月28日

干部教育培训学员管理规定

(2013年2月19日中共中央组织部制定并发布
2019年11月25日中共中央组织部修订)

为进一步在干部教育培训中加强学员管理、严肃培训纪律、切实改进学风,根据党中央有关规定,结合新时代干部教育培训工作实际,作出如下规定:

一、学员必须把深入学习贯彻习近平新时代中国特色社会主义思想作为首要任务和中心内容,把不忘初心、牢记使命作为终身课题,严守政治纪律和政治规矩,坚持理论联系实际,自觉加强思想淬炼、政治历练、党性锻炼,增强"四个意识"、坚定"四个自信"、做到"两个维护"。

二、学员参加学习培训,必须认真贯彻落实中央八项规定及其实施细则精神,严格遵守学习培训、安全保密和廉洁自律各项规定。学员所在单位和干部管理部门在学员参训前要进行纪律提醒,干部教育培训机构在发放入学通知时、学员入学报到时和学习培训期间,都要对学员明确纪律要求。

三、学员在校学习培训期间,应按规定住在学员宿舍,严禁教学活动日私自在外住宿。应在学员食堂就餐,教学活动日一律不准饮酒。严禁参加任何形式的可能影响学习培训、公正执行公务的宴请、饮酒和娱乐活动。学员之间、学员和教师之间、学员和工作人员之间不得相互宴请。班级、支部、小组不得以集体活动为名聚餐吃请，严禁酗酒、滋事。

四、学员外出参加现场教学、实地考察调研等活动时，必须着装整洁，言行举止得体，注意自身形象。不准警车带路，不接受任何宴请，严禁饮酒，一律吃自助餐或便餐，按规定缴纳住宿费、交通费、伙食费，不得参加与学习培训无关的活动。

五、学员不准接受和赠送礼品、礼金、有价证券、支付凭证、纪念品、土特产等，不得在校接待以汇报工作、探望为名的各种礼节性来访。学员之间不准以学习交流、对口走访、交叉考察、集体调研等名义互请旅游。

六、学员必须集中精力学习，学习培训期间不再承担所在单位的工作、会议、出差、出国（境）考察等任务，不得无故旷课，不得擅自离校。如因特殊情况确需请假的，必须严格履行请假手续。累计请假时间原则上不得超过总学时1/7。双休日、节假日外出必须报备，按规定时间返校。

七、学员必须端正学习态度，自己动手撰写发言材料、学习体会、调研报告和论文等，不准请人代写，不准抄袭他人学习研究成果，不准秘书等工作人员"陪读"。不得留公车驻校，不得借用其他单位和个人的车辆"伴读"。

八、学员在校期间及结（毕）业以后，不得以同学名义、以任何形式拉关系、搞"小圈子"，不得成立任何形式的联谊会、同学会等组织，也不得确定召集人、联系人等开展有组织的联谊活动，不得利用同学关系谋取私利。

九、干部管理部门要按规定将学员在校期间的主要表现记入干部人事档案，作为干部考核内容和任职、晋升的重要依据，对重点培训班次要派专人跟班。干部教育培训机构要切实履行学员管理主体责任，完善并严格执行学籍、学习、考勤等规章制度，从严管理、从严监督学员。

十、对违反本规定的学员，由干部教育培训机构视情节轻重予以约谈提醒、通报批评、责令退学等处理；对通报批评、责令退学的，处理结果要向学员所在单位和干部管理部门通报或备案；涉嫌违纪违法的，干部教育培训机构应将有关情况提供给学员所在单位和有关部门，依纪依法处理。

本规定由中共中央组织部负责解释，自 2013 年 2 月 19 日起施行，各干部教育培训管理部门和培训机构可结合实际制定贯彻执行的具体措施。

财政部 中共中央组织部
关于停止执行培训年度计划备案及执行情况报告规定的通知

（2019年7月29日 财行〔2019〕231号）

党中央有关部门，国务院各部委、各直属机构，全国人大常委会办公厅，全国政协办公厅，高法院，高检院，各民主党派中央，全国工商联，有关人民团体：

《中央和国家机关培训费管理办法》（财行〔2016〕540号）印发以来，各中央部门结合业务特点和工作需要，进一步完善培训费管理制度，加强培训计划管理、审批管理和内部控制，培训管理新机制已基本建立并有效运行。为贯彻落实党中央国务院关于完善财政科研项目资金管理、推进"放管服"等文件精神，现就培训年度计划备案及执行情况报告有关事项通知如下：

一、自2019年8月1日起，停止执行《中央和国家机关培训费管理办法》（财行〔2016〕540号）第七条及第二十一条之规定。

二、各部门要认真落实《党政机关厉行节约反对浪费条例》和培训费管理有关规定，完善培训计划编报和审批制度，严格计划执行，规范培训费管理，加强监督检查，提高财政资金使用效益。

财政部　中共中央组织部
2019 年 7 月 29 日

中共中央印发《干部教育培训工作条例》

（2015年9月10日中共中央政治局常委会会议审议批准 2015年10月14日中共中央发布 2023年8月31日中共中央政治局会议修订 2023年9月19日中共中央发布）

第一章 总　　则

第一条 为了推进干部教育培训工作科学化、制度化、规范化，培养造就政治过硬、适应新时代要求、具备领导社会主义现代化建设能力的高素质干部队伍，根据《中国共产党章程》，制定本条例。

第二条 干部教育培训是建设高素质干部队伍的先导性、基础性、战略性工程，在推进中国特色社会主义伟大事业和党的建设新的伟大工程中具有不可替代的重要地位和作用。干部教育培训工作必须高举中国特色社会主义伟大旗帜，坚持马克思列宁主义、毛泽东思想、邓小平理论、"三个代表"重要思想、科学发展观，全面贯彻习近平新时代中国特色社会主义思想，深入贯彻习近平总书记关于党的建设的重要思想，认真落实新时代党的建设总要求和新时代党的组织路线，深刻领悟"两个确立"的决定性意义，增强"四个意识"、坚定"四个自信"、做到"两个维护"，把深入学习贯彻习近平新时代中国特色社会主义思想作为主题主线，以坚定理想信念宗旨为根本，以全面增强执政本领为重点，高质量教育培训干部，高水平服务党和国家事业发展，为以中国式现代化全面推进中华民族伟大复兴提供思想政治保证和能力支撑。

第三条 干部教育培训工作应当遵循下列原则：

（一）政治统领，服务大局。旗帜鲜明讲政治，坚持和加强党的全面领导，紧紧围绕党和国家事业发展需要开展教育培训，始终保持正确政治方向。

（二）育德为先，注重能力。坚持新时代好干部标准，突出党的创新理论武装和党性教育，加强能力培训，全面提高干部德才素质和履职能力。

（三）分类分级，全面覆盖。按照干部管理权限组织实施教育培训，把教育培训的普遍性要求与不同类别、不同层级、不同岗位干部的特殊需要结合起来，增强针对性，确保全员培训。

（四）联系实际，学以致用。大力弘扬马克思主义学风，围绕中心工作，坚持问题导向，引导干部加强主观世界和客观世界改造，做到学思用贯通、知信行统一。

（五）与时俱进，守正创新。继承和发扬干部教育培训优良传统和作风，遵循干部成长规律和干部教育培训规律，推进干部教育培训理论创新、实践创新、制度创新。

（六）依规依法，从严管理。建立健全干部教育培训法规制度，推进干部教育培训规范管理，从严治校、从严治教、从严治学，保持良好的教学秩序和学习风气。

第四条 本条例适用于党的机关、人大机关、行政机关、政协机关、监察机关、审判机关、检察机关，以及列入公务员法实施范围的其他机关和参照公务员法管理的机关（单位）的干部教育培训工作。

国有企业、事业单位结合各自特点执行本条例。

第二章 管理体制

第五条 全国干部教育培训工作实行在党中央领导下，由中央组织部主管，中央和国家机关有关工作部门分工负责，中央和地方分级管理的体制。

第六条 中央组织部履行全国干部教育培训工作的整体规划、制度建设、宏观指导、协调服务、监督管理等职能。

全国干部教育联席会议成员单位按照职责分工，负责相关的干部教育培训工作。

中央和国家机关各部门负责指导本行业本系统的业务培训。

第七条 地方各级党委领导本地区干部教育培训工作，贯彻执行党和国家干部教育培训工作的方针政策，把干部教育培训工作纳入本地区党的建设整体部署和经济社会发展规划，统筹研究推进。

地方各级党委组织部主管本地区干部教育培训工作。地方各级干部教育领导小组或者联席会议成员单位按照职责分工，负责相关的干部教育培训工作。

第八条 干部所在单位按照干部管理权限，负责组织实施和管理本单位的干部教育培训工作。

第九条 垂直管理部门的干部教育培训工作由部门负责。

双重管理单位的干部教育培训工作由主管单位负责、协管单位配合，根据工作需要，经协商也可以由协管单位负责。

第十条 党委和政府工作部门抽调下级党委和政府领导班子成员参加培训，必须报同级干部教育培训主管部门审批；抽调下级党委管理的干部参加本系统本行业培训，应当以书面形式提前通知下级党委组织部门，避免多头调训和重复培训。

第三章　教育培训对象

第十一条　干部有接受教育培训的权利和义务。

第十二条　干部教育培训的对象是全体干部，重点是县处级以上党政领导干部和优秀年轻干部。

第十三条　干部应当根据不同情况参加相应的教育培训：

（一）党的理论教育和党性教育的专题培训；

（二）贯彻落实党和国家重大决策部署的集中轮训；

（三）新录（聘）用的初任培训；

（四）晋升领导职务的任职培训；

（五）提升履职能力的在职培训；

（六）其他培训。

第十四条　省部级、厅局级、县处级党政领导干部和四级调研员及相当层次职级以上公务员，经组织选调，应当每5年参加党校（行政学院）、干部学院等干部教育培训机构脱产培训，以及干部教育培训主管部门认可的其他集中培训，累计不少于3个月或者550学时。提拔担任领导职务的，确因特殊情况在提任前未达到教育培训要求的，应当在提任后1年内完成培训。干部教育培训主管部门应当作出规划，统筹安排。

乡科级党政领导干部和一级主任科员及相当层次职级以下公务员，应当每年参加干部教育培训主管部门认可的集中培训，累计不少于12天或者90学时。

干部应当结合岗位职责参加网络培训，完成规定的学时。

第十五条 干部在参加组织选派的脱产培训期间,一般应当享受在岗同等待遇,一般不承担所在单位的日常工作、出国(境)考察等任务。因特殊情况确需请假的,必须严格履行手续,累计请假时间原则上不得超过总学时的1/7,超过的应予退学。

第十六条 干部个人参加社会化培训,费用一律由本人承担,不得由财政经费和单位经费报销,不得接受任何机构和他人的资助或者变相资助。

第四章 教育培训内容

第十七条 干部教育培训以深入学习贯彻习近平新时代中国特色社会主义思想为主题主线,以党的理论教育、党性教育和履职能力培训为重点,注重知识培训,全面提高干部素质和能力。

第十八条 党的理论教育重点开展马克思列宁主义、毛泽东思想、邓小平理论、"三个代表"重要思想、科学发展观教育培训,全面加强习近平新时代中国特色社会主义思想教育培训,加强党的路线方针政策教育培训,引导干部自觉做共产主义远大理想和中国特色社会主义共同理想的坚定信仰者和忠实实践者,提高运用马克思主义立场观点方法分析解决实际问题的能力,增强适应新时代要求、推进中国式现代化建设的本领。

突出党的创新理论教育,坚持用习近平新时代中国特色社会主义思想统一思想、统一意志、统一行动,教育引导干部全面系统掌握这一思想的基本观点、科学体系,把握好这一思想的世界观、方法论,坚持好、运用好贯穿其中的立场观点方法,深刻领悟"两个确立"的决定性意义,增强"四个意识"、坚定"四个自信"、做到"两个维护",不断提高政治判断力、政治领悟力、政治执行力,自觉在思想上、政治上、行动上同以习近平同志为核心的党中央保持高度一致。

对党外干部，也应当根据其特点，开展相应的政治理论教育。

第十九条 党性教育重点开展理想信念、党的宗旨、革命传统、党风廉政教育。突出党章和党规党纪学习教育，强化政治忠诚教育，加强政治纪律和政治规矩教育，加强斗争精神和斗争本领养成，深入开展党史、新中国史、改革开放史、社会主义发展史、中华民族发展史学习教育，坚持用以伟大建党精神为源头的中国共产党人精神谱系教育干部，加强铸牢中华民族共同体意识教育，开展社会主义核心价值观教育、中华优秀传统文化教育、中华民族传统美德教育，开展政德教育、警示教育，引导党员干部提高思想觉悟、精神境界、道德修养，树立正确的权力观、政绩观、事业观，做到对党忠诚、个人干净、敢于担当，永葆共产党人政治本色。

第二十条 履职能力培训重点开展党中央关于经济建设、政治建设、文化建设、社会建设、生态文明建设和党的建设等方面重大决策部署的培训，分领域分专题学深学透习近平总书记重要思想、重要论述，提升推动高质量发展本领、服务群众本领、防范化解风险本领。加强宪法、法律和政策法规教育培训，提高干部科学执政、民主执政、依法执政水平。开展总体国家安全观教育，增强干部国家安全意识，提高统筹发展和安全能力。

第二十一条 知识培训应当根据干部岗位特点和工作要求，有针对性地开展履行岗位职责所必备知识的培训，加强各种新知识新技能的教育培训，帮助干部优化知识结构、完善知识体系、提高综合素养。

第五章　教育培训方式方法

第二十二条　干部教育培训以脱产培训、党委（党组）理论学习中心组学习、网络培训、在职自学等方式进行。

第二十三条　脱产培训以组织调训为主。干部教育培训主管部门负责制定调训计划、选调干部参加培训，对重要岗位的干部可以实行点名调训。干部所在单位按照计划完成调训任务。干部必须服从组织调训。

第二十四条　党委（党组）理论学习中心组学习以政治学习为根本，以深入学习贯彻习近平新时代中国特色社会主义思想为主题主线，在个人自学和专题调研基础上保证每个季度不少于 1 次集体学习研讨。

第二十五条　充分运用现代信息技术，完善网络培训制度，建立兼容、开放、共享、规范的干部网络培训体系。提高干部教育培训教学和管理数字化水平，用好大数据、人工智能等技术手段。

第二十六条　建立健全干部在职自学制度。干部所在单位应当支持鼓励干部在职自学，并提供必要条件。

第二十七条　干部教育培训应当根据内容要求和干部特点，综合运用讲授式、研讨式、案例式、模拟式、体验式、访谈式、行动学习等方法，实现教学相长、学学相长。

干部教育培训主管部门应当引导和支持干部教育培训机构积极开展方式方法创新。

第六章　教育培训机构

第二十八条　干部教育培训机构主要包括：党校（行政学院）、

干部学院、社会主义学院、部门行业培训机构、国有企业培训机构、干部教育培训高校基地。

各级党委（党组）和干部教育培训主管部门应当加强对干部教育培训机构的工作指导，构建分工明确、优势互补、布局合理、规范有序的培训机构体系。

第二十九条 党校（行政学院）是干部教育培训的主渠道，应当坚守党校初心、坚持党校姓党，突出党的理论教育、党性教育，加强履职能力培训，发挥为党育才、为党献策的独特价值。

中央党校（国家行政学院）和中国浦东干部学院、中国井冈山干部学院、中国延安干部学院作为国家级干部教育培训机构，应当发挥示范引领作用。

省（自治区、直辖市）党性教育干部学院是教育党员干部坚定理想信念、加强党性修养、传承红色基因、赓续红色血脉的重要阵地，应当用好红色资源，突出办学特色，发挥在党性教育中的独特优势。

社会主义学院是党领导的统一战线性质的政治学院，应当坚持功能定位，承担好民主党派和无党派人士、统一战线其他领域代表人士、统战干部及统一战线理论研究人才等培训任务。

部门行业培训机构、国有企业培训机构应当按照各自职责提升办学水平，重点做好本部门本行业本单位的干部教育培训工作。

干部教育培训高校基地应当发挥学科专业优势，重点开展履职能力培训。

各类干部教育培训机构应当加强交流合作，通过联合办学等方式，促进资源优化配置。

第三十条 根据工作需要，干部教育培训主办单位可以委托干部教育培训主管部门认可的其他高等学校、科研院所承担干部教育培训任务。

第三十一条 干部教育培训机构应当以教学为中心，深化教学改革，优化学科结构，完善培训内容，科学设置培训班次和学制，改进课程设计，创新教学方法，规范现场教学点管理，提高教学水平。

第三十二条 各级党委应当加强对党校（行政学院）工作的领导，履行办好、管好、建好党校（行政学院）的主体责任，选优配强领导班子，按照实用、安全、有效的原则加强和改善基础设施和办学条件。

因地制宜推进县级党校（行政学校）分类建设，深化办学体制改革和办学模式创新，不断提升办学能力和水平。

第三十三条 加强干部教育培训机构规范管理和质量提升，调整、整顿办学能力弱的干部教育培训机构。新设干部教育培训机构应当严格按照有关规定程序和机构编制管理权限审批。

第三十四条 干部教育培训主管部门和干部教育培训机构应当注重干部教育培训管理者队伍建设，加强培养，严格管理，促进交流，优化结构，提高素质。

加强干部教育培训理论研究。

第三十五条 干部教育培训机构必须贯彻执行党和国家干部教育培训方针政策和有关党内法规、法律法规，严格落实意识形态工作责任制，加强校风教风学风建设。

第七章 师资、课程、教材、经费

第三十六条 干部教育培训主管部门和干部教育培训机构应当按照政治过硬、素质优良、规模适当、结构合理、专兼结合的原则，建设高素质干部教育培训师资队伍。

第三十七条 从事干部教育培训工作的教师,必须对党忠诚、信念坚定,严守纪律、严谨治学,具有良好的思想道德修养、较高的理论政策水平、扎实的专业知识基础,有一定的实际工作经验,掌握现代教育培训理论和方法,具备胜任教学、科研工作的能力,不得传播违反党的理论和路线方针政策、违反中央决定的错误观点。

第三十八条 注重专职教师队伍建设,创新引才育才机制,完善考核、奖惩和教育培训、实践锻炼制度,专职教师每年参加教育培训的时间累计不少于1个月。逐步建立符合干部教育培训特点的师资队伍考核评价体系和职称评审制度。

第三十九条 注重邀请思想政治素质过硬、实践经验丰富、理论水平较高的领导干部、专家学者和先进模范人物、优秀基层干部等到干部教育培训课堂授课,充分发挥外请教师的作用。干部教育培训主办单位和干部教育培训机构应当加强对外请教师的审核把关。

坚持领导干部上讲台制度。县级以上党政领导班子成员特别是主要领导干部应当带头到党校(行政学院)、干部学院、社会主义学院等授课。

第四十条 中央组织部和各省(自治区、直辖市)党委组织部应当建立完善干部教育培训师资库。有条件的地区和部门可以根据工作需要建立干部教育培训师资库。

第四十一条 干部教育培训主管部门和干部教育培训机构应当完善课程开发和更新机制,构建富有时代特征和实践特色、务实管用的课程体系。

第四十二条 加强精品课程建设,重点开发体现马克思主义中国化时代化最新成果、反映各领域实践党的创新理论的精品课程。

建立干部教育培训精品课程库，实现优质课程资源共享。

第四十三条 适应不同类别干部教育培训的需要，着眼于提高干部综合素质和能力，开发具有政治性、思想性、权威性、指导性、可读性的干部学习培训教材。

第四十四条 全国干部培训教材编审指导委员会负责全国干部学习培训教材规划、编写、审定等工作。地方、部门和干部教育培训机构可以编写符合需要、各具特色的干部学习培训教材。

第四十五条 干部教育培训主管部门和干部教育培训机构应当严格审核把关，优先选用中央有关部门组织编写、推荐的权威教材，也可以选用其他优秀出版物。未经审核把关的教材不得进入干部教育培训课堂。

第四十六条 干部教育培训经费列入各级政府年度财政预算，保证干部教育培训工作需要。

干部教育培训主管部门、干部教育培训主办单位和干部教育培训机构应当严格干部教育培训经费管理，厉行节约，勤俭办学，提高经费使用效益。

第四十七条 各级党委和政府应当加大对革命老区、民族地区、边疆地区、乡村振兴重点帮扶地区干部教育培训支持力度，推动优质培训资源向基层延伸倾斜。

第八章　考核与评估

第四十八条 干部教育培训主管部门和干部教育培训机构应当完善干部教育培训考核和激励机制。干部接受教育培训情况应当作为干部考核的内容和任职、晋升的重要依据。

第四十九条 干部教育培训考核的内容包括干部的学习态度和

表现，理论、知识掌握程度、党性修养、作风养成和遵规守纪情况，以及解决实际问题的能力等。

干部教育培训考核结果应当按照干部管理权限及时反馈组织人事部门。干部教育培训考核不合格的，年度考核不得确定为优秀等次。

第五十条 干部教育培训考核应当区分不同教育培训方式分别实施。脱产培训的考核，由主办单位和干部教育培训机构实施；网络培训的考核，由主办单位和干部所在单位实施。

干部教育培训主管部门和干部教育培训机构应当健全跟班管理制度，加强对干部学习培训的考核与监督。

第五十一条 干部教育培训实行登记管理。各级干部教育培训主管部门和干部所在单位应当按照干部管理权限，建立完善干部教育培训档案，如实记载干部参加教育培训情况和考核结果。

干部参加脱产培训情况应当记入干部年度考核登记表，参加2个月以上的脱产培训情况应当记入干部任免审批表。

第五十二条 干部教育培训主管部门负责对干部教育培训机构进行评估，也可以委托干部教育培训主管部门认可的机构进行评估。

干部教育培训机构评估的内容包括办学方针、培训质量、师资队伍、组织管理、学风建设、基础设施、经费管理等。

干部教育培训主管部门应当充分运用评估结果，指导干部教育培训机构改进工作。

第五十三条 干部教育培训主办单位负责对干部教育培训班次进行评估。

班次评估的内容包括培训设计、培训实施、培训管理、培训效果等。

评估结果应当作为评价干部教育培训机构办学质量的重要标准，作为确定干部教育培训机构承担培训任务的重要依据。

第五十四条　干部教育培训机构负责对干部教育培训课程进行评估。

课程评估的内容包括教学态度、教学内容、教学方法、教学效果等。

干部教育培训机构应当将评估结果作为指导教学部门和教师改进教学的重要依据。

第九章　纪律与监督

第五十五条　各级党委和政府及其有关工作部门、干部教育培训机构、干部所在单位和干部本人必须严格执行本条例。开展干部教育培训工作情况应当作为领导班子考核、巡视巡察和选人用人专项检查的内容。

第五十六条　干部教育培训主管部门会同有关部门对干部教育培训工作和贯彻执行本条例情况进行监督检查，制止和纠正违反本条例的行为，并对有关责任单位和人员提出处理意见和建议。

第五十七条　干部教育培训主办单位和干部教育培训机构违反本条例和有关规定的，由干部教育培训主管部门或者会同有关部门责令限期整改；逾期不改的，给予通报批评；情节严重的，由有关部门对负有领导责任人员和直接责任人员给予组织处理、党纪政务处分。

第五十八条　从事干部教育培训工作的教师违反本条例和有关规定的，由干部教育培训机构或者有关部门视情节轻重给予批评教育、组织处理、党纪政务处分。

第五十九条 干部因故未按规定参加教育培训或者未达到教育培训要求的，应当及时安排补训。对无正当理由不参加教育培训的，由干部管理部门视情节轻重给予批评教育、组织处理。干部弄虚作假获取培训经历的，由干部管理部门按照有关规定严肃处理。

第六十条 干部参加教育培训期间必须严格遵守学习培训和廉洁自律各项规定。违反本条例和有关规定的，由干部教育培训机构视情节轻重给予约谈提醒、通报批评、责令退学等处理；情节严重的，由有关部门给予组织处理、党纪政务处分。

第十章 附 则

第六十一条 中国人民解放军和中国人民武装警察部队的干部教育培训规定，由中央军事委员会根据本条例制定。

第六十二条 本条例由中共中央组织部负责解释。

第六十三条 本条例自发布之日起施行。

中央党的群众路线教育实践活动领导小组 中共中央组织部 教育部关于严格规范领导干部参加社会化培训有关事项的通知

(2014年7月31日 中组发〔2014〕18号)

各省、自治区、直辖市党委组织部、政府教育厅（教委），中央和国家机关各部委、各人民团体组织人事部门，新疆生产建设兵团党委组织部、教育局，各中管金融企业党委，各国有重要骨干企业党组（党委），各高等学校，中央党校、国家行政学院办公厅，中国浦东、井冈山、延安干部学院，中国大连高级经理学院：

根据《党政机关厉行节约反对浪费条例》《干部教育培训工作条例（试行）》，针对一些领导干部参加"天价培训""奢侈培训"等高收费社会化培训及出现的问题，现就严格规范党政机关、国有企业、事业单位领导干部（以下简称"领导干部"）参加社会化培训的有关事项通知如下：

一、严禁领导干部参加高收费的培训项目和各类名为学习提高、实为交友联谊的培训项目。已经参加的要立即退出。

二、严禁各级各类干部教育培训机构和各高等学校举办允许领导干部参加的高收费培训项目，或委托其他社会机构举办各类领导干部培训班。

三、领导干部个人参加其他面向社会举办的教育培训项目，包括各种非学历教育、学历教育和在职学位教育等教育培训，必须按照干部管理权限向组织人事部门报告，并说明培训项目的举办机构、项目名称、学习期限和费用等。未经批准不得擅自参加。

四、领导干部个人参加其他非高收费的社会化培训，费用一律由本人承担，不得由财政经费和单位经费报销，不得接受任何机构或他人的资助或变相资助。

五、各级领导干部和各高等学校，各类干部教育培训机构要严格执行上述规定。违反规定的，要追究单位负责人和相关人员的责任，并依照有关规定给予党纪政纪处分。

六、各级组织人事部门要加强对领导干部参加社会化培训的监督管理，切实维护干部培训良好秩序。

各地区各部门各单位接到本通知后，要开展专项清理整顿并纳入教育实践活动整改范围。清理整顿情况于8月底之前报中央组织部，高等学校的清理整顿情况按隶属关系报教育部。

中央党的群众路线教育实践活动领导小组
中共中央组织部　教育部
2014年7月31日

第五部分 劳务费

财政部关于印发《中央财政科研项目专家咨询费管理办法》的通知

(2017年9月4日 财科教〔2017〕128号)

有关单位:

根据中央本级项目支出定额标准管理和预算管理的要求,为进一步规范和加强中央级科研项目专家咨询活动的经费支出管理,提高资金使用效益,我们制定了《中央财政科研项目专家咨询费管理办法》,现印发你们,请遵照执行。

附件:中央财政科研项目专家咨询费管理办法

财政部
2017年9月4日

附件:

中央财政科研项目专家咨询费管理办法

第一条 为加强和规范专家咨询费的管理,根据《预算法》以及中央本级项目支出定额标准等国家有关预算管理制度规定,制定本办法。

第二条 专家咨询费是指科研项目（课题）承担单位（以下简称单位）在项目（课题）实施过程中支付给临时聘请的咨询专家的费用。

第三条 本办法适用于由中央财政科研项目资金列支的专家咨询费。

第四条 本办法的专家是指精通某一领域业务，或对相关科技业务的某一方面有独到见解，已取得高级专业技术职称的人员或被科研项目（课题）承担单位认可的其他专业人员。

第五条 单位应当结合实际制定统一、合理、规范的咨询专家遴选办法，并在单位内部公开。具备条件的单位应当建立多领域、多学科的咨询专家库。

第六条 高级专业技术职称人员的专家咨询费标准为1500－2400元/人天（税后）；其他专业人员的专家咨询费标准为900－1500元/人天（税后）。

第七条 院士、全国知名专家，可按照高级专业技术职称人员的专家咨询费标准上浮50％执行。

第八条 本办法所指专家咨询活动的组织形式主要有会议、现场访谈或者勘察、通讯三种形式。

（1）以会议形式组织的咨询，是指通过召开专家参加的会议，征询专家的意见和建议。

（2）以现场访谈或者勘察形式组织的咨询，是指通过组织现场谈话，或者查看实地、实物、原始业务资料等方式征询专家的意见和建议。

（3）以通讯形式组织的咨询，是指通过信函、邮件等方式征询专家的意见和建议。

第九条 不同形式组织的专家咨询活动适用专家咨询费标准如下：

组织形式 \ 会期	半天	不超过两天（含两天）	超过两天
会议	按照本办法第六条所规定标准的60%执行。	按照本办法第六条所规定的标准执行。	第一天、第二天：按照本办法第六条所规定的标准执行；第三天及以后：按照本办法第六条所规定标准的50%执行。
现场访谈或者勘察	按照上述以会议形式组织的专家咨询费相关标准执行。		
通讯	按次计算，每次按照本办法第六条所规定标准的20%–50%执行。		

第十条 不同领域、相同专业技术职称的专家咨询费标准应当保持一致。

第十一条 根据国家经济社会发展水平和物价变动等情况，财政部适时对专家咨询费标准进行调整。

第十二条 专家咨询费不得支付给参与项目（课题）研究及其管理的相关人员。

第十三条 专家咨询费的发放应当按照国家有关规定由单位代扣代缴个人所得税。

第十四条 单位发放专家咨询费原则上采用银行转账方式。

第十五条 单位应当建立专家咨询费的支付审核机制，负责核实专家咨询行为及专家咨询费发放的真实性、合规性，并及时向代理银行办理支付手续。对专家信息不真实、存在虚假咨询行为，以及其他违反本办法或单位有关规定的，单位应当拒绝办理支付手续。

第十六条 单位应当对专家咨询费的开支做好财务记录，并及时归档，定期对专家咨询费支付情况进行检查。

第十七条 地方财政科研项目开支的专家咨询费可参照本办法，结合本地实际予以执行。

第十八条 单位可根据本办法有关规定，结合单位实际制定实施细则。

第十九条 本办法自印发之日起施行。

国务院办公厅关于改革完善中央财政科研经费管理的若干意见

(2021年8月5日　国办发〔2021〕32号)

各省、自治区、直辖市人民政府，国务院各部委、各直属机构：

党的十八大以来，党中央、国务院出台了《关于进一步完善中央财政科研项目资金管理等政策的若干意见》、《关于优化科研管理提升科研绩效若干措施的通知》等一系列优化科研经费管理的政策文件和改革措施，有力地激发了科研人员的创造性和创新活力，促进了科技事业发展。但在科研经费管理方面仍然存在政策落实不到位、项目经费管理刚性偏大、经费拨付机制不完善、间接费用比例偏低、经费报销难等问题。为有效解决这些问题，更好贯彻落实党中央、国务院决策部署，进一步激励科研人员多出高质量科技成果、为实现高水平科技自立自强作出更大贡献，经国务院同意，现就改革完善中央财政科研经费管理提出如下意见：

一、扩大科研项目经费管理自主权

（一）简化预算编制。进一步精简合并预算编制科目，按设备费、业务费、劳务费三大类编制直接费用预算。直接费用中除50万元以上的设备费外，其他费用只提供基本测算说明，不需要提供明细。计算类仪器设备和软件工具可在设备费科目列支。合并项目评审和预算评审，项目管理部门在项目评审时同步开展预算评审。预算评审工作重点是项目预算的目标相关性、政策相符性、经济合理性，不得将预算编制细致程度作为评审预算的因素。（项目管理部门负责落实）

（二）下放预算调剂权。设备费预算调剂权全部下放给项目承担单位，不再由项目管理部门审批其预算调增。项目承担单位要统筹考虑现有设备配置情况、科研项目实际需求等，及时办理调剂手续。除设备费外的其他费用调剂权全部由项目承担单位下放给项目负责人，由项目负责人根据科研活动实际需要自主安排。（项目管理部门、项目承担单位负责落实）

（三）扩大经费包干制实施范围。在人才类和基础研究类科研项目中推行经费包干制，不再编制项目预算。项目负责人在承诺遵守科研伦理道德和作风学风诚信要求、经费全部用于与本项目研究工作相关支出的基础上，自主决定项目经费使用。鼓励有关部门和地方在从事基础性、前沿性、公益性研究的独立法人科研机构开展经费包干制试点。（项目管理部门、项目承担单位、财政部、单位主管部门负责落实）

二、完善科研项目经费拨付机制

（四）合理确定经费拨付计划。项目管理部门要根据不同类型科研项目特点、研究进度、资金需求等，合理制定经费拨付计划并及时拨付资金。首笔资金拨付比例要充分尊重项目负责人意见，切实保障科研活动需要。（项目管理部门负责落实）

（五）加快经费拨付进度。财政部、项目管理部门可在部门预算批复前预拨科研经费。项目管理部门要加强经费拨付与项目立项的衔接，在项目任务书签订后 30 日内，将经费拨付至项目承担单位。项目牵头单位要根据项目负责人意见，及时将经费拨付至项目参与单位。（财政部、项目管理部门、项目承担单位负责落实）

（六）改进结余资金管理。项目完成任务目标并通过综合绩效评价后，结余资金留归项目承担单位使用。项目承担单位要将结余资金统筹安排用于科研活动直接支出，优先考虑原项目团队科研需求，并加强结余资金管理，健全结余资金盘活机制，加快资金使用进度。（项目管理部门、项目承担单位负责落实）

三、加大科研人员激励力度

（七）提高间接费用比例。间接费用按照直接费用扣除设备购置费后的一定比例核定，由项目承担单位统筹安排使用。其中，500 万元以下的部分，间接费用比例为不超过 30%，500 万元至 1000 万元的部分为不超过 25%，1000 万元以上的部分为不超过 20%；对数学等纯理论基础研究项目，间接费用比例进一步提高到不超过 60%。项目承担单位可将间接费用全部用于绩效支出，并向创新绩效突出的团队和个人倾斜。（项目管理部门、项目承担单位负责落实）

（八）扩大稳定支持科研经费提取奖励经费试点范围。将稳定支持科研经费提取奖励经费试点范围扩大到所有中央级科研院所。允许中央级科研院所从基本科研业务费、中科院战略性先导科技专项经费、有关科研院所创新工程等稳定支持科研经费中提取不超过 20% 作为奖励经费，由单位探索完善科研项目资金激励引导机制，激发科研人员创新活力。奖励经费的使用范围和标准由试点单位自

主决定，在单位内部公示。（中央级科研院所负责落实）

（九）扩大劳务费开支范围。项目聘用人员的劳务费开支标准，参照当地科学研究和技术服务业从业人员平均工资水平，根据其在项目研究中承担的工作任务确定，其由单位缴纳的社会保险补助、住房公积金等纳入劳务费科目列支。（项目承担单位、项目管理部门负责落实）

（十）合理核定绩效工资总量。中央高校、科研院所、企业结合本单位发展阶段、类型定位、承担任务、人才结构、所在地区、现有绩效工资实际发放水平（主要依据上年度事业单位工资统计年报数据确定）、财务状况特别是财政科研项目可用于支出人员绩效的间接费用等实际情况，向主管部门申报动态调整绩效工资水平，主管部门综合考虑激发科技创新活力、保障基础研究人员稳定工资收入、调控不同单位（岗位、学科）收入差距等因素审批后报人力资源社会保障、财政部门备案。分配绩效工资时，要向承担国家科研任务较多、成效突出的科研人员倾斜。借鉴承担国家关键领域核心技术攻关任务科研人员年薪制的经验，探索对急需紧缺、业内认可、业绩突出的极少数高层次人才实行年薪制。（人力资源社会保障部、科技部、财政部、国务院国资委、单位主管部门负责落实）

（十一）加大科技成果转化激励力度。各单位要落实《中华人民共和国促进科技成果转化法》等相关规定，对持有的科技成果，通过协议定价、在技术交易市场挂牌交易、拍卖等市场化方式进行转化。科技成果转化所获收益可按照法律规定，对职务科技成果完成人和为科技成果转化作出重要贡献的人员给予奖励和报酬，剩余部分留归项目承担单位用于科技研发与成果转化等相关工作，科技成果转化收益具体分配方式和比例在充分听取本单位科研人员意见基础上进行约定。科技成果转化现金奖励计入所在单位绩效工资总量,但不受核定的绩效工资总量限制,不作为核定下一年度绩效工资总量的基数。(科技部、人力资源社会保障部、财政部等有关部门负责落实)

四、减轻科研人员事务性负担

(十二)全面落实科研财务助理制度。项目承担单位要确保每个项目配有相对固定的科研财务助理,为科研人员在预算编制、经费报销等方面提供专业化服务。科研财务助理所需人力成本费用(含社会保险补助、住房公积金),可由项目承担单位根据情况通过科研项目经费等渠道统筹解决。(项目承担单位负责落实)

(十三)改进财务报销管理方式。项目承担单位因科研活动实际需要,邀请国内外专家、学者和有关人员参加由其主办的会议等,对确需负担的城市间交通费、国际旅费,可在会议费等费用中报销。允许项目承担单位对国内差旅费中的伙食补助费、市内交通费和难以取得发票的住宿费实行包干制。(项目承担单位负责落实)

(十四)推进科研经费无纸化报销试点。选择部分电子票据接收、入账、归档处理工作量比较大的中央高校、科研院所、企业,纳入电子入账凭证会计数据标准推广范围,推动科研经费报销数字化、无纸化。(财政部、税务总局、单位主管部门等负责落实)

(十五)简化科研项目验收结题财务管理。合并财务验收和技术验收,在项目实施期末实行一次性综合绩效评价。完善项目验收结题评价操作指南,细化明确预算调剂、设备管理、人员费用等财务、会计、审计方面具体要求,避免有关机构和人员在项目验收和检查中理解执行政策出现偏差。选择部分创新能力和潜力突出、创新绩效显著、科研诚信状况良好的中央高校、科研院所、企业作为试点单位,由其出具科研项目经费决算报表作为结题依据,取消科研项目结题财务审计。试点单位对经费决算报表内容的真实性、完整性、准确性负责,项目管理部门适时组织抽查。(科技部、财政部、项目管理部门负责落实)

(十六)优化科研仪器设备采购。中央高校、科研院所、企业要优化和完善内部管理规定,简化科研仪器设备采购流程,对科研急需的设备和耗材采用特事特办、随到随办的采购机制,可不进行招标投标程序。项目承担单位依法向财政部申请变更政府采购方式的,财政部实行限时办结制度,对符合要求的申请项目,原则上自收到变更申请之日起5个工作日内办结。有关部门要研究推动政府采购、招标投标等有关法律法规修订工作,进一步明确除外条款。(单位主管部门、项目承担单位、司法部、财政部负责落实)

(十七)改进科研人员因公出国(境)管理方式。对科研人员因公出国(境)开展国际合作与交流的管理应与行政人员有所区别,对为完成科研项目任务目标、从科研经费中列支费用的国际合作与交流按业务类别单独管理,根据需要开展工作。从科研经费中列支的国际合作与交流费用不纳入"三公"经费统计范围,不受零增长要求限制。(单位主管部门、财政部负责落实)

五、创新财政科研经费投入与支持方式

(十八)拓展财政科研经费投入渠道。发挥财政经费的杠杆效应和导向作用,引导企业参与,发挥金融资金作用,吸引民间资本支持科技创新创业。优化科技创新类引导基金使用,推动更多具有重大价值的科技成果转化应用。拓宽基础研究经费投入渠道,促进基

础研究与需求导向良性互动。（财政部、科技部、人民银行、银保监会、证监会等负责落实）

（十九）开展顶尖领衔科学家支持方式试点。围绕国家重大战略需求和前沿科技领域，遴选全球顶尖的领衔科学家，给予持续稳定的科研经费支持，在确定的重点方向、重点领域、重点任务范围内，由领衔科学家自主确定研究课题，自主选聘科研团队，自主安排科研经费使用；3至5年后采取第三方评估、国际同行评议等方式，对领衔科学家及其团队的研究质量、原创价值、实际贡献，以及聘用领衔科学家及其团队的单位服务保障措施落实情况等进行绩效评价，形成可复制可推广的改革经验。（项目管理部门、项目承担单位负责落实）

（二十）支持新型研发机构实行"预算＋负面清单"管理模式。鼓励地方对新型研发机构采用与国际接轨的治理结构和市场化运行机制，实行理事会领导下的院（所）长负责制。创新财政科研经费支持方式，给予稳定资金支持，探索实行负面清单管理，赋予更大经费使用自主权。组织开展绩效评价，围绕科研投入、创新产出质量、成果转化、原创价值、实际贡献、人才集聚和培养等方面进行评估。除特殊规定外，财政资金支持产生的科技成果及知识产权由新型研发机构依法取得、自主决定转化及推广应用。（科技部、财政部负责指导）

六、改进科研绩效管理和监督检查

（二十一）健全科研绩效管理机制。项目管理部门要进一步强化绩效导向，从重过程向重结果转变，加强分类绩效评价，对自由探索型、任务导向型等不同类型科研项目，健全差异化的绩效评价指标体系；强化绩效评价结果运用，将绩效评价结果作为项目调整、后续支持的重要依据。项目承担单位要切实加强绩效管理，引导科研资源向优秀人才和团队倾斜，提高科研经费使用效益。(项目管理部门、项目承担单位负责落实)

(二十二) 强化科研项目经费监督检查。加强审计监督、财会监督与日常监督的贯通协调，增强监督合力，严肃查处违纪违规问题。加强事中事后监管，创新监督检查方式，实行随机抽查、检查，推进监督检查数据汇交共享和结果互认。减少过程检查，充分利用大数据等信息技术手段，提高监督检查效率。强化项目承担单位法人责任，项目承担单位要动态监管经费使用并实时预警提醒，确保经费合理规范使用；对项目承担单位和科研人员在科研经费管理使用过程中出现的失信情况，纳入信用记录管理，对严重失信行为实行追责和惩戒。探索制定相关负面清单，明确科研项目经费使用禁止性行为，有关部门要根据法律法规和负面清单进行检查、评审、验收、审计，对尽职无过错科研人员免予问责。(审计署、财政部、项目管理部门、单位主管部门负责落实)

七、组织实施

(二十三) 及时清理修改相关规定。有关部门要聚焦科研经费管理相关政策和改革举措落地"最后一公里"，加快清理修改与党中央、国务院有关文件精神不符的部门规定和办法，科技主管部门要牵头做好督促落实工作。项目承担单位要落实好科研项目实施和科研经费管理使用的主体责任，严格按照国家有关政策规定和权责一致的要求，强化自我约束和自我规范，及时完善内部管理制度，确保科研自主权接得住、管得好。(有关部门、项目承担单位负责落实)

（二十四）加大政策宣传培训力度。有关部门和单位要通过门户网站、新媒体等多种渠道以及开设专栏等多种方式，加强中央财政科研经费管理相关政策宣传解读，提高社会知晓度。同时，加大对科研人员、财务人员、科研财务助理、审计人员等的专题培训力度，不断提高经办服务能力水平。（科技部、财政部会同有关部门负责落实）

（二十五）强化政策落实督促指导。有关部门要加快职能转变，提高服务意识，加强跟踪指导，适时组织开展对项目承担单位科研经费管理政策落实情况的检查，及时发现并协调解决有关问题，推动改革落地见效，国务院办公厅要加强督查。要适时对有关试点政策举措进行总结评估，及时总结推广行之有效的经验和做法。（财政部、科技部会同有关部门负责落实）

财政部、中央级社科类科研项目主管部门要结合社会科学研究的规律和特点，参照本意见尽快修订中央级社科类科研项目资金管理办法。

各地区要参照本意见精神，结合实际，改革完善本地区财政科研经费管理。

国务院办公厅

2021年8月5日

财政部　科技部　教育部　发展改革委关于进一步做好中央财政科研项目资金管理等政策贯彻落实工作的通知

(2017年3月3日　财科教〔2017〕6号)

国务院有关部委、有关直属机构，各中央高校、科研院所：

为了进一步做好《中共中央办公厅　国务院办公厅印发〈关于进一步完善中央财政科研项目资金管理等政策的若干意见〉的通知》（以下简称《若干意见》）贯彻落实工作，促进中央财政科研项目资金管理改革举措落地生根，切实增强科研人员改革"成就感""获得感"，现就有关问题通知如下：

一、提高思想认识，强化责任担当

《若干意见》是加快推进科技领域"放管服"改革、完善财政科研项目资金管理的重要举措，对于促进形成充满活力的科技管理和运行机制、激发广大科研人员创新创造活力具有十分重要的意义。各部门、各单位要进一步提高思想认识，全面深入学习，准确把握文件精神和具体要求，切实增强做好贯彻落实工作的责任感和紧迫感。项目主管部门要加强统筹协调，督促和指导所属单位落实好相关政策。中央高校、科研院所等相关单位要切实履行法人责任，加快制度建设，完善内控机制，规范工作流程，创新服务方式，确保下放的管理权限"接得住、管得好"。

二、细化政策措施，狠抓政策执行

（一）加快制度建设。

项目承担单位应当结合本单位实际，抓紧制定和完善项目预算调剂、间接费用统筹使用、劳务费分配管理、结余资金使用、科研财务助理岗位设立、内部信息公开公示等内部管理办法。对于督查或自查中发现未在规定时间出台制度的单位，应当逐项对照、查漏补缺，务必于3月底前完成整改。

各单位在制定制度时，应当严格按照本单位内部决策程序开展工作，有关制度应当以单位正式文件形式印发，并在单位内部以适当的方式公开。各项制度应当做到权责明确、流程清晰、操作性强、务实管用。各项制度以及中央高校、科研院所按规定制定的差旅会议内部管理办法，应当作为预算编制、评估评审、经费管理、审计检查、财务验收等工作依据。

项目主管部门应当尽快完善预算编制指南，制定预算评估评审和财务验收工作细则等具体操作规范。

（二）大力推进信息公开。

项目承担单位应当完善内部信息公开制度，明确单位内部信息公开的责任主体、程序、方式、范围和期限等，除涉密信息外，财政科研项目预决算、预算调剂、资金使用（重点是间接费用、外拨资金、结余资金使用）、研究成果等情况均应以适当方式在单位内部公开。要充分运用信息公开的手段,加强内部监督和管理。

(三)细化、完善劳务费和间接费用管理。

项目承担单位应当建立健全劳务费管理办法,进一步细化访问学者、项目聘用研究人员的管理要求,规范对访问学者、项目聘用研究人员的资格认定、审批或备案、公开公示程序,明确管理责任,细化岗位设立、工作协议、劳务费标准和发放办法等日常管理规定。项目聘用研究人员应当为项目承担单位通过劳务派遣方式或者签订劳动合同、聘用协议等方式为项目聘用的研究人员(包括退休人员)。

项目承担单位应当建立健全间接费用管理办法,进一步明确间接费用分配原则和流程,完善绩效考核办法,以及绩效支出与科研人员在项目工作中的实际贡献挂钩的机制,妥善处理合理分摊间接成本和对科研人员激励的关系。中央高校、科研院所等事业单位在安排绩效支出时,应当符合事业单位绩效工资管理有关规定。

(四)加强结余资金统筹管理。

对于完成任务目标并一次性通过验收的项目,验收结论确定的结余资金全部留归项目承担单位使用,由其统筹用于本单位科研活动的直接支出。2年后(自验收结论下达后次年的1月1日起计算)结余资金未用完的,按规定原渠道收回。未一次性通过验收的项目,结余资金按规定原渠道收回。

项目承担单位应当认真落实结余资金使用管理权限,加强结余资金统筹管理,在内部管理办法中明确具体统筹方式和管理要求,提高科研项目资金使用效益,激发科研人员创新创造活力。

(五)做好在研项目政策衔接。

《若干意见》发布时,已进入结题验收环节的项目,继续按照原政策执行,不作调整;尚在执行环节的项目,由项目承担单位统筹考虑本单位实际情况，与科研人员特别是项目负责人充分协商后，在项目预算总额不变的前提下，自主决定是否执行新规定。

（六）规范会计师事务所开展的财务审计。

项目主管部门制定财务验收工作细则，明确科研项目财务验收的责任主体、主要内容、程序规范等。加强对承接科研项目财务审计委托任务的会计师事务所的指导和培训，提高其政策理解和把握能力，促进提升财务审计工作质量。按照政府采购法的有关要求，规范对承接科研项目财务审计委托任务的会计师事务所选聘程序，完善信用管理体系，会同财政部门对严重违规会计师事务所的严重不良信用记录记入"黑名单"。

中国注册会计师协会制定科研项目财务审计操作指引，明确会计师事务所从事科研项目财务审计工作要求和技术规范，将科研项目财务审计纳入执业质量检查范围。会计师事务所应当建立健全相关质量控制机制，切实提升服务能力和审计质量。

三、发挥部门作用，加强统筹指导

各部门、各单位应当进一步加大宣传培训力度，在官方网站开辟专栏，系统、集中登载中央财政科研项目资金管理有关政策文件及解读，及时发布本部门、本单位制定的相关管理办法。加大对财务人员、科研财务助理、科研人员等相关人员的培训力度。同时，加强对中央财政科研项目资金的事中事后监管，严肃查处违法违纪问题。

项目主管部门应当结合本部门实际情况，对共性问题统筹研究，提出解决方案或指导意见。加强对本部门所属高校、科研院所等单位落实《若干意见》的跟踪指导，及时总结典型做法，并予以推广。

财政部、科技部将持续跟踪改革进展，建立中央财政科研项目资金管理改革等政策落实情况的督查机制、通报机制。有关通报和督查结果将纳入信用管理，与中央高校管理改革等绩效拨款、间接费用核定、结余资金留用等挂钩。

财政部　科技部　教育部　发展改革委
2017年3月3日

财政部　中共中央组织部　国家公务员局关于印发《中央和国家机关培训费管理办法》的通知

（2016年12月27日　财行〔2016〕540号）

涉及培训师资讲课费，正文同前，略，详见本书77页。

第六部分　公务用车管理

中共中央办公厅、国务院办公厅印发
《党政机关公务用车管理办法》

(2017年12月5日 中办发〔2017〕71号)

第一章 总 则

第一条 为了进一步规范党政机关公务用车管理,有效保障公务活动,促进党风廉政建设和节约型机关建设,根据《党政机关厉行节约反对浪费条例》、《机关事务管理条例》等有关规定,制定本办法。

第二条 本办法适用于党的机关、人大机关、行政机关、政协机关、监察机关、审判机关、检察机关,以及工会、共青团、妇联等人民团体和参照公务员法管理的事业单位。

第三条 本办法所称公务用车,是指党政机关配备的用于定向保障公务活动的机动车辆,包括机要通信用车、应急保障用车、执法执勤用车、特种专业技术用车以及其他按照规定配备的公务用车。

机要通信用车是指用于传递、运送机要文件和涉密载体的机动车辆。

应急保障用车是指用于处理突发事件、抢险救灾或者其他紧急公务的机动车辆。

执法执勤用车是指中央批准的执法执勤部门（系统）用于一线执法执勤公务的机动车辆。

特种专业技术用车是指固定搭载专业技术设备、用于执行特殊工作任务的机动车辆。

第四条 党政机关公务用车管理遵循统一管理、定向保障、经济适用、节能环保的原则。

第五条 党政机关公务用车实行统一制度规范、分级分类管理。党政机关公务用车主管部门负责本级党政机关公务用车管理工作，根据职责实行统一编制、统一标准、统一购置经费、统一采购配备管理；指导监督下级党政机关公务用车管理工作。

第二章 编制和标准管理

第六条 党政机关公务用车实行编制管理。车辆编制根据机构设置、人员编制和工作需要等因素确定。

机要通信用车、应急保障用车和其他按照规定配备的公务用车编制由公务用车主管部门会同有关部门确定。

执法执勤用车、特种专业技术用车编制由财政部门会同有关部门确定，并送公务用车主管部门备案。

第七条 党政机关配备公务用车应当严格执行以下标准：

（一）机要通信用车配备价格12万元以内、排气量1.6升（含）以下的轿车或者其他小型客车。

（二）应急保障用车和其他按照规定配备的公务用车配备价格18万元以内、排气量1.8升（含）以下的轿车或者其他小型客车。确因情况特殊，可以适当配备价格25万元以内、排气量3.0升（含）以下的其他小型客车、中型客车或者价格45万元以内的大型客车。

（三）执法执勤用车配备价格12万元以内、排气量1.6升（含）以下的轿车或者其他小型客车，因工作需要可以配备价格18万元以内、排气量1.8升（含）以下的轿车或者其他小型客车。确因情况特殊，可以适当配备价格25万元以内、排气量3.0升（含）以下的其他小型客车、中型客车或者价格45万元以内的大型客车。

（四）特种专业技术用车配备标准由有关部门会同财政部门按照保障工作需要、厉行节约的原则确定。

公务用车配备新能源轿车的，价格不得超过18万元。

上述配备标准应当根据公务保障需要、汽车行业技术发展、市场价格变化等因素适时调整。

第八条 严格控制执法执勤用车的配备范围、编制和标准。执法执勤用车配备应当严格限定在一线执法执勤岗位。

第三章 配备和经费管理

第九条 公务用车主管部门根据公务用车配备更新标准和现状，编制年度公务用车配备更新计划。

第十条 财政部门根据年度公务用车配备更新计划，按照预算管理有关规定统筹安排购置经费，列入公务用车主管部门预算。

第十一条 财政部门会同公务用车主管部门制定公务用车运行费用定额标准，统筹安排公务用车运行费用，列入党政机关部门预算。

第十二条 公务用车主管部门按照政府采购法律法规和国家有关政策规定，统一组织实施公务用车集中采购。

第十三条 党政机关应当配备使用国产汽车，带头使用新能源汽车，按照规定逐步扩大新能源汽车配备比例。

第十四条　地方各级党政机关确因工作需要超出规定标准配备公务用车的，必须报省级公务用车主管部门批准。

党政机关原则上不配备越野车。确因工作需要，按照程序报批后，可以适当配备国产越野车。越野车不得作为领导干部固定用车。

第十五条　除涉及国家安全、侦查办案等有保密要求的特殊工作用车外，党政机关公务用车产权注册登记所有人应当为本机关法人，不得将公务用车登记在下属单位、企业或者个人名下。

第四章　使用和处置管理

第十六条　党政机关应当加强公务用车使用管理，严格按照规定使用公务用车，严禁公车私用、私车公养，不得既领取公务交通补贴又违规使用公务用车。

第十七条　党政机关应当推进公务用车服务平台建设。各地区应当结合实际，将各类公务用车纳入平台集中管理，采用信息化手段统筹调度、高效使用，鼓励通过社会化专业机构提高平台管理运行效率。

第十八条　党政机关应当推进公务用车标识化管理。除涉及国家安全、侦查办案和其他有保密要求的特殊工作用车外，公务用车应当统一标识。

第十九条　党政机关应当建立公务用车管理台账，加强相关证照档案的保存和管理。

各省、自治区、直辖市以及中央和国家机关公务用车主管部门应当建立统一的公务用车管理信息系统，提高公务用车配备使用管理信息化水平。

第二十条　党政机关应当建立健全公务用车使用管理制度，严格执行，加强监督，降低运行成本。

严格公务用车使用时间、事由、地点、里程、油耗、费用等信息登记和公示制度。严格执行回单位或者其他指定地点停放制度，节假日期间除工作需要外应当封存停驶。

实行公务用车保险、维修、加油政府集中采购和定点保险、定点维修、定点加油制度，健全公务用车油耗、运行费用单车核算和年度绩效评价制度。

第二十一条 党政机关应当减少公务用车长途行驶，工作人员到外地办理公务，除特殊情况外，应当乘用公共交通工具。外事接待、会议和集体活动用车主要通过社会租赁方式解决。

第二十二条 公务用车使用年限超过8年的可以更新；达到更新年限仍能继续使用的，应当继续使用。因安全等原因确需提前更新的，应当严格履行审批手续。

公务用车按照规定更新后，可以采取拍卖、厂家回收、报废等方式规范处置旧车。处置收入按照非税收入有关规定管理。

第五章　监督问责

第二十三条 党政机关应当建立公务用车配备更新和使用情况统计报告制度。各省、自治区、直辖市公务用车主管部门负责统计汇总本地区公务用车配备更新和使用情况。国家机关事务管理局、中共中央直属机关事务管理局负责统计汇总中央和国家机关公务用车配备更新和使用情况。

第二十四条 党政机关应当严格执行公务用车配备使用管理各项规定，将公务用车配备更新、使用、处置和经费预算执行等情况纳入内部审计、政务公开和政务诚信建设范围，接受社会监督。

公务用车主管部门应当加强对党政机关公务用车配备更新、使用、处置等情况的监督检查，定期通报或者公示相关情况。

财政、审计部门应当加强对公务用车经费预算管理使用情况的监督检查，依法处理、督促整改违规问题，并将涉嫌违纪违法问题移送有关部门查处。

公安交通管理部门应当定期与公务用车主管部门交换公务用车注册登记信息、使用状态等情况。

纪检监察机关应当及时受理群众举报和有关部门移送的公务用车管理问题线索，严肃查处违纪违法问题。

第二十五条 公务用车主管部门有下列情形之一的，依纪依法追究相关人员责任：

（一）违规核定公务用车编制的；

（二）违规审批超编制、超标准配备公务用车的；

（三）违规审批未到年限更新公务用车的；

（四）违规安排公务用车经费预算的；

（五）有其他未按规定履行管理监督职责行为的。

第二十六条 党政机关有下列情形之一的，依纪依法追究相关人员责任：

（一）超编制、超标准配备公务用车的；

（二）违反规定将公务用车登记在下属单位、企业或者个人名下的；

（三）公车私用、私车公养，或者既领取公务交通补贴又违规使用公务用车的；

（四）换用、借用、占用下属单位或者其他单位和个人的车辆，或者擅自接受企事业单位和个人赠送车辆的；

（五）挪用或者固定给个人使用执法执勤、机要通信等公务用车的；

（六）为公务用车增加高档配置或者豪华内饰的；

（七）在车辆维修等费用中虚列名目或者夹带其他费用，为非本单位车辆报销运行维护费用的；

（八）违规处置公务用车的；

（九）有其他违反公务用车配备使用管理规定行为的。

第六章　附　　则

第二十七条　本办法所称小型客车、中型客车、大型客车等，依据中华人民共和国公共安全行业标准 GA802-2014《机动车类型术语和定义》界定。

第二十八条　各省、自治区、直辖市以及中央和国家机关各部门，应当根据本办法，结合实际制定具体管理办法。

第二十九条　中央和国家机关所属垂直管理机构、派出机构公务用车由行政主管部门依照本办法进行管理。

各民主党派机关公务用车管理适用本办法。

不参照公务员法管理的事业单位公务用车，按照本办法的原则管理。

第三十条　本办法由国家机关事务管理局、中共中央直属机关事务管理局会同有关部门负责解释。

第三十一条　本办法自 2017 年 12 月 5 日起施行。中共中央办公厅、国务院办公厅 2011 年 1 月 6 日印发的《党政机关公务用车配备使用管理办法》同时废止。

中央公务用车制度改革领导小组关于印发《中央事业单位公务用车制度改革实施意见》的通知

（2015年12月29日）

中央和国家机关各部委、各直属机构、各人民团体公务用车制度改革领导小组，各中央企业：

现将《中央事业单位公务用车制度改革实施意见》印发你们，请结合实际认真贯彻执行。

附件：中央事业单位公务用车制度改革实施意见

中央公务用车制度改革领导小组

2015年12月29日

附件：

中央事业单位公务用车制度改革实施意见

为贯彻落实党的十八大和十八届三中、四中、五中全会精神，根据《中共中央办公厅　国务院办公厅印发〈关于全面推进公务用车制度改革的指导意见〉的通知》（中办发〔2014〕40号）有关要求，现就推进中央事业单位公务用车制度改革提出以下意见。

一、充分认识中央事业单位公务用车制度改革的重要意义

中央事业单位公务用车制度改革是坚决贯彻落实中央八项规定精神和厉行节约反对浪费要求的重要举措，是全面推进公务用车制度改革的重要任务，对规范中央事业单位职务待遇、节约成本、提高效能、促进党风廉政建设具有重要意义，也对地方事业单位公务用车制度改革具有先行示范作用。

事业单位行业类别众多，单位类型复杂，经费来源多样，人员身份不一，车辆规模庞大，事业单位分类改革和工资制度改革也尚在推进中，必须充分认识中央事业单位公务用车制度改革复杂性，切实增强责任感、使命感和紧迫感，坚定信心，扎实工作，确保改革工作有序推进。

二、改革范围、工作目标和基本原则

（一）改革范围

单位范围为党中央、国务院直属非参照公务员法管理的事业单位，以及中央和国家机关各部门各单位（以下简称各部门）所属非参照公务员法管理的各级各类事业单位；人员范围为所有原符合公务用车配备条件的岗位和人员，目前按照报销公务交通费用保障公务出行的岗位和人员原则上维持现有方式。其中，执行企业会计制度的中央事业单位、中央企业所属事业单位可按照本意见要求实施改革，也可参照中央企业公务用车制度改革有关规定实施改革。

(二)工作目标

按照中央厉行节约反对浪费的总要求,坚持社会化、市场化方向,创新公务交通保障机制,取消一般公务用车,公务活动出行实行社会化,采取报销公务交通费用、适度发放公务交通补贴或其他符合规定的社会化方式保障公务出行,从严配备定向化保障的公务用车,实现中央事业单位公务交通保障高效、费用节约、成本下降和管理规范。党中央、国务院直属事业单位机关本级公务用车制度改革2016年上半年完成;各部门所属在京事业单位公务用车制度改革2016年底前完成;京外中央事业单位公务用车制度改革,按属地化原则,与地方同步完成。

(三)基本原则

1. 坚持厉行节约,保障高效。科学制定改革方案,各参改事业单位要对本单位公车改革节支情况进行详细测算,确保改革后公务交通费用支出低于改革前支出,不能因此增加财政预算支出;积极探索和创新符合中央事业单位公务出行特点的市场化交通保障机制,确保中央事业单位社会服务和公益事业工作不受影响。

2. 坚持从严从紧,应改尽改。将应改单位和符合参改条件人员全部纳入改革范围,从严核定保留车辆,从紧确定公务交通费用报销额度或公务交通补贴标准,不开口子,不留后门,坚决避免违规配备使用公务用车现象。

3. 坚持统筹兼顾,分类指导。从实际出发,妥善处理各种利益关系,根据中央事业单位行业特点和工作实际,区分不同单位性质、岗位类别和人员身份,采取不同的改革措施,不搞"一刀切"。完善各项配套政策,切实搞好与事业单位工资及财务管理制度等相关方面的统筹与衔接,确保新旧制度平稳过渡。

4. 坚持统一部署，分级负责。中央公务用车制度改革领导小组审核批复党中央、国务院直属事业单位机关本级公务用车制度改革实施方案。各部门按照本意见，切实落实领导责任，强化主管部门主体责任，审核批复所属事业单位公务用车制度改革实施方案，确保事业单位公务用车制度改革任务按期完成。

三、主要任务

（一）分类推进中央事业单位公务用车制度改革

党中央、国务院直属事业单位机关本级，按照《中共中央办公厅　国务院办公厅关于印发〈中央和国家机关公务用车制度改革方案〉的通知》（中办发〔2014〕41号）有关规定实施改革，取消一般公务用车，保留必要的机要通信、应急、特种专业技术用车和离退休干部服务用车等车辆，在确保节支的前提下，对参改人员适度发放公务交通补贴，通过社会化方式保障其公务活动出行。中央和国务院直属新闻媒体单位本级管理的新闻记者可根据情况由单位确定选择领取补贴或实报实销公务交通费用。

各部门所属事业单位，取消一般公务用车，保留必要的特种专业技术用车和必要的业务用车等车辆，在确保本单位节支的前提下，对参改人员采取报销公务交通费用、发放公务交通补贴或其他符合规定的社会化方式等保障其公务活动出行。

已经试行公务用车制度改革的中央事业单位，按照本意见进行规范。

（二）合理确定公务交通补贴或费用报销的范围、标准或额度

党中央、国务院直属事业单位机关本级，公务交通补贴的标准、发放范围和方式及管理使用，按照中办发〔2014〕41号文件有关规

定执行。

各部门所属事业单位，对参改人员实行以按规定报销公务交通费用为主的办法，个别特定岗位确需发放公务交通补贴的应从严从紧核定并报本单位所属的主管部门批准。公务交通费用报销额度及公务交通补贴标准，由主管部门根据取消车辆数量、运行成本和改革前交通费支出情况，在节支的前提下，按照不高于同地区、同级别机关相应层级公务员交通补贴标准的原则从严确定。不得既发放公务交通补贴又报销公务交通费用。严格按规定控制报销或发放人员范围，避免普遍发放交通补贴或允许限额报销的福利化改革倾向。建立公务交通费用报销总额度和公务交通补贴总数与所在单位规模增长相匹配的动态调整机制。

（三）从严核定保留车辆

党中央、国务院直属事业单位机关本级保留车辆，按照《关于做好中央和国家机关公务用车制度改革中车辆保留和处置工作的通知》（中车改办〔2014〕3号）有关规定核定。

各部门所属事业单位车改保留车辆，由主管部门核定并报财政部备案，同时按职责权限分系统分别抄送国管局、中直管理局备案。各部门机关本级的机关服务部门可保留1至2辆后勤服务用车。各部门所属其他事业单位可根据业务保障和专业技术活动工作实际，保留必要的医疗救护、新闻转播、科学考察、技术勘察、检疫检测、环卫清洁等特定功能的特种专业技术用车和必要的业务用车，保留的车辆要有预算，其中特种专业技术用车必须长期搭载固定设备并进行标识化管理，不得在公车改革过程中新增车辆。与主管部门机关同城异地办公的可根据需要保留1辆工作用车，用于机要通信、应急等公务，但不得借车改名义新增车辆。

各部门所属事业单位的中央管理领导干部，由各部门自行选择确定参加公务用车制度改革或维持原有公务交通保障方式。

各部门所属事业单位主要负责人应当纳入改革范围，改革后原则上不再配备工作用车。原配有符合规定标准工作用车，确因工作需要保留，应当经本单位职代会或党委会同意，报主管部门批准；其本人不得再领取公务交通补贴或报销公务交通费用等。

（四）妥善安置司勤人员

中央事业单位可按照《关于中央和国家机关公务用车制度改革中妥善安置司勤人员的指导意见》有关政策，根据以人为本、积极稳妥、因地制宜的原则，认真做好司勤人员安置工作，不能简单推向社会，要立足内部消化，保障其合法权益，确保公务用车制度改革顺利实施。

（五）规范处置取消车辆

党中央、国务院直属事业单位机关本级取消的车辆分别移交国管局、中直管理局，按照《中央和国家机关公务用车制度改革涉及的车辆处置办法》规定程序进行统一规范处置。

各部门所属事业单位取消的车辆，由主管部门按照中央行政事业单位国有资产管理有关规定，严格履行资产处置审批手续后，委托国管局、中直管理局公开招标确定的评估、拍卖和解体机构，通过公开拍卖等方式进行处置。处置收入按事业单位有关财务管理制度进行管理和核算。

四、认真做好组织实施工作

（一）切实加强组织领导

各部门要高度重视中央事业单位公务用车制度改革工作，切实加强领导，明确任务分工，落实工作责任。各部门公务用车制度改革工作组要统一负责部署和组织本部门所属事业单位公务用车制度改革工作，正确把握改革方向，明确改革工作任务，督促落实到位；事业单位数量和人数众多的教科文卫等事业单位相关行业主管部门要结合行业实际，加强政策指导，要根据行业业务特点制定本行业事业单位公车改革办法并报中央公车改革领导小组批准；各中央事业单位主要负责人要亲自抓，明确专门机构人员，精心组织实施，严格按照要求做好本单位公务用车制度改革工作。

（二）认真制定实施方案

党中央、国务院直属事业单位，按照本意见制定机关本级公务用车制度改革实施方案，于2016年2月底前报中央公务用车制度改革领导小组，经批准后执行。

各部门所属事业单位，按照本意见和行业主管部门制定的事业单位公车改革办法，在深入调研、全面摸底、细致测算的基础上，结合单位实际，认真制定本单位公务用车制度改革实施方案（包括本单位节支率详细测算情况），报主管部门批准后执行。各部门对所属事业单位公务用车制度改革实施方案批复完成后3个月内，将有关情况进行汇总，包括改革的工作安排、参改人员范围和数量、各类岗位和人员的改革方式、公务交通补贴标准或公务交通费用报销额度、保留车辆核定原则和数量、取消车辆处置方式和数量、司勤人员安置情况和改革节支情况等，报中央公务用车制度改革领导小组办公室备案。

（三）严格保留车辆管理

中央事业单位应当对保留车辆实行集中管理，统一调度，严格车辆使用管理程序，健全车辆日常使用登记和公示制度，经批准保留的车辆要严格用于规定用途。

（四）加大监督检查力度

中央事业单位要严肃公务用车制度改革和公务用车管理使用纪律，不得变相超编制、超标准配备公务用车，不得以任何方式换用、借用、占用下属单位或其他单位和个人的车辆，不得向其他单位和个人提供车辆，不得以各种名义占用特种专业技术用车等定向化保障的车辆或长期租用车辆变相作为个人固定用车，不得既领取公务交通补贴、又违规乘坐公务用车或报销公务交通费用。

纪检监察机关要强化监督检察，及时受理群众举报，依法依纪查处违反公务用车制度改革政策和公务用车管理规定的行为，严肃追究相关责任人的责任。审计部门要对公务用车制度改革情况进行监督，并将改革后保留车辆的配备及运行维护费、保留车辆经费支出、车辆处置情况等纳入日常和专项审计监督。各部门要建立健全责任追究制度，对违反本意见及公务用车管理规定的责任人追究相关责任，予以严肃处理。

国家机关事务管理局关于印发《中央国家机关所属垂直管理机构 派出机构公务用车管理办法（试行）》的通知

（2019年12月18日　国管资〔2019〕372号）

中央国家机关各部门、各单位：

　　为规范和加强中央国家机关所属垂直管理机构、派出机构公务用车管理，根据《党政机关公务用车管理办法》等有关规定，我们制定了《中央国家机关所属垂直管理机构 派出机构公务用车管理办法（试行）》，现印发给你们，请遵照执行。执行中涉及的重要问题，请及时沟通反馈。

国家机关事务管理局
2019年12月18日

中央国家机关所属垂直管理机构 派出机构公务用车管理办法（试行）

　　第一条　为了进一步规范和加强中央国家机关所属垂直管理机

构、派出机构公务用车管理，巩固公务用车制度改革成果，根据《党政机关公务用车管理办法》（中办发〔2017〕71号）等有关规定，制定本办法。

第二条 本办法适用于中央国家机关所属垂直管理机构、派出机构（以下统称垂管派出机构）的公务用车管理。

第三条 垂管派出机构公务用车按系统实行统一制度规范、分级分类管理。行政主管部门负责管理所属垂管派出机构公务用车，垂管派出机构负责本机构公务用车日常管理。

第四条 垂管派出机构公务出行应当坚持社会化、向社会购买服务的方向；公务用车编制根据机构设置、人员编制和工作需要等因素确定。

在京垂管派出机构公务用车编制由行政主管部门审核提出意见，报国家机关事务管理局（以下简称国管局）批准；京外垂管派出机构公务用车编制由行政主管部门核定，报国管局备案。

垂管派出机构因新设立或者人员编制、工作职责增加，确需核增车辆编制的，由行政主管部门审核提出意见，报国管局批准。

执法执勤用车、特种专业技术用车编制核定按照《党政机关公务用车管理办法》有关规定办理。

第五条 垂管派出机构应当严格执行公务用车配备标准，实行"处置一辆、更新一辆"原则。

在京垂管派出机构公务用车配备更新，由行政主管部门审核后报国管局批准，具体程序及要求按照《在京中央和国家机关公务用车指标管理办法》（国管资〔2011〕167号）执行。京外垂管派出机构公务用车配备更新，由行政主管部门按程序审批后，按照属地公务用车管理相关政策要求办理车辆注册登记等手续；其中，确因工作需要超出规定标准配车或者配越野车（含SUV）的，应当报国管局备案。

配备更新公务用车涉及资产管理相关事宜的，应当按照有关规定办理。

第六条 垂管派出机构应当加强公务用车集中统一管理，严格按照规定使用公务用车。

行政主管部门应当通过信息化等手段，加强对所属垂管派出机构公务用车管理、使用情况的监督检查。

第七条 垂管派出机构按照规定更新公务用车时，应当先通过中央行政事业单位国有资产处置平台处置旧车；其中，京外垂管派出机构车辆可以通过属地公务用车主管部门按程序确定的车辆处置机构处置。

第八条 行政主管部门按要求组织所属垂管派出机构开展年度公务用车管理情况统计报告工作，汇总、审核本系统公务用车管理情况，编制年度统计报告报送国管局。

第九条 国管局应当加强对垂管派出机构公务用车管理的指导监督，及时通报发现的各类违规问题，将相关工作开展情况纳入中央行政事业单位国有资产管理绩效评价范围。

第十条 垂管派出机构公务用车管理涉及国家安全、侦查办案等有保密要求的，按照《党政机关公务用车管理办法》等相关规定执行。

第十一条 行政主管部门应当根据《党政机关公务用车管理办法》及本办法，结合实际制定本部门所属垂管派出机构公务用车管理实施细则。

第十二条 本办法由国管局负责解释。

第十三条 本办法自印发之日起施行。

国管局 中直管理局关于做好中央和国家机关新能源汽车推广使用工作的通知

（2024年9月27日 国管资〔2024〕197号）

中央和国家机关各部门、各单位：

为深入贯彻落实党的二十大和二十届二中、三中全会精神，支持新能源汽车产业发展，更好发挥中央和国家机关示范引领作用，按照《党政机关公务用车管理办法》（中办发〔2017〕71号）、《新能源汽车产业发展规划（2021－2035年）》（国办发〔2020〕39号）、《关于促进汽车消费的若干措施》（发改就业〔2023〕1017号）、《"十四五"公共机构节约能源资源工作规划》（国管节能〔2021〕195号）等有关规定，现就做好中央和国家机关新能源汽车推广使用工作通知如下：

一、加大新能源汽车配备力度

中央和国家机关各部门、各单位机关及其所属垂直管理机构、派出机构等各级行政单位和各类事业单位（以下简称各部门、各单位）配备更新各类定向化保障公务用车，应当带头使用国产新能源汽车。其中，机要通信用车、相对固定路线执法执勤用车以及使用场景单一、主要在城区行驶的业务用车等，原则上应当配备新能源汽车；用于环卫清洁、技术勘察、检验检测等用途的特种专业技术用车，新能源汽车能够满足需要的，应当优先配备新能源汽车。按照《关于促进汽车消费的若干措施》有关要求，加快国三及以下排放标准老旧车辆淘汰报废，更新车辆优先使用新能源汽车。

二、统筹新能源汽车采购比例

各部门、各单位应当根据车辆使用现状、工作需要等因素，编制公务用车年度配备更新计划，计划中明确新能源汽车采购数量，由行政主管部门审核批复后按归口报国管局、中直管理局备案。行政主管部门应当加强对所属单位采购新能源汽车的统筹管理，除因地理环境、气候条件特殊和无适配车型等情况外，新能源汽车占当年配备更新公务用车的比例应当达到《"十四五"公共机构节约能源资源工作规划》明确的"新增及更新车辆中新能源汽车比例原则上不低于30％"目标要求，以后按规定逐步提高。

三、严格新能源汽车配备标准

各部门、各单位配备更新新能源汽车应当符合公务用车管理有关规定，不得超编制、超标准配备车辆。其中，配备新能源轿车的，价格不超过18万元；配备轿车以外的其他车型的，价格不超过《党政机关公务用车管理办法》规定的同类型燃油汽车的配备标准。确因工作需要，经批准通过社会化租赁方式保障公务出行的，应当优先租用符合规定标准的新能源汽车。

四、优化新能源汽车使用环境

各部门、各单位应当在办公区统筹推进新能源汽车充电基础设施建设，有序规划类型和数量，鼓励集中办公区等公共区域建设具有一定规模的集中式充电基础设施。完善充电基础设施运行维护管理制度，规范新能源汽车充电基础设施管理，严格落实供电、集中充电场所安全要求。鼓励具备条件的单位内部充电基础设施向社会开放共享，提高充电基础设施使用效率。

五、加强组织实施和宣传引导

各部门、各单位应当加强组织领导，明确工作责任，结合本部门、本系统实际细化落实举措，坚持因地制宜，积极稳妥做好新能源汽车推广使用工作。国管局、中直管理局将新能源汽车推广使用情况纳入中央和国家机关节约能源资源评价、国有资产管理绩效评价的重要内容，采取适当方式对典型经验做法进行宣传推广，充分发挥中央和国家机关示范引领作用，为全社会推广使用新能源汽车营造良好氛围。

对于政策执行过程中遇到的问题，请及时向国管局、中直管理局反馈。

国家机关事务管理局　中共中央直属机关事务管理局

2024 年 9 月 27 日

国管局关于印发《中央国家机关所属事业单位公务用车管理办法（试行）》的通知

（2023年9月12日　国管资〔2023〕221号）

中央国家机关各部门、各单位：

2015年《中央公务用车制度改革领导小组关于印发〈中央事业单位公务用车制度改革实施意见〉的通知》印发以来，中央国家机关各部门、各单位扎实推进所属事业单位公务用车制度改革，强化公务用车管理，取得一定成效。但近年来人大国有资产监督、预算执行和其他财政收支等审计中也发现部分事业单位公务用车管理存在薄弱环节，违规问题时有发生。为规范和加强中央国家机关所属事业单位公务用车管理，巩固公务用车制度改革成果，针对人大国有资产监督和审计查出问题完善整改长效机制，根据《党政机关公务用车管理办法》、《行政事业性国有资产管理条例》等有关规定，我们制定了《中央国家机关所属事业单位公务用车管理办法（试行）》，现印发给你们，请按照执行。执行中涉及的重要问题，请及时向我局反映。

国家机关事务管理局
2023年9月12日

中央国家机关所属事业单位公务用车管理办法（试行）

第一条 为规范和加强中央国家机关所属事业单位公务用车管理，巩固公务用车制度改革成果，针对人大国有资产监督和审计查出问题完善整改长效机制，根据《党政机关公务用车管理办法》（中办发〔2017〕71号）、《行政事业性国有资产管理条例》（国务院令第738号）和《中央公务用车制度改革领导小组关于印发〈中央事业单位公务用车制度改革实施意见〉的通知》（中车改〔2015〕35号）等有关规定，制定本办法。

第二条 本办法适用于中央国家机关所属各类事业单位（不含参照公务员法管理的事业单位，下同）的公务用车管理。

第三条 本办法所称公务用车，是指中央国家机关所属事业单位（以下简称事业单位）按照公务用车制度改革有关规定，经核准保留配备的机动车辆，包括用于机要通信、应急等公务的工作用车，业务用车，特种专业技术用车以及其他按规定配备的车辆。

第四条 事业单位公务用车管理遵循总额控制、经济适用、节能环保、规范高效的原则。

第五条 事业单位公务用车实行统一制度、分级管理。国家机关事务管理局（以下简称国管局）负责制定事业单位公务用车管理制度办法，负责组织实施和监督检查。

行政主管部门负责所属事业单位公务用车的监督管理，组织落实有关管理制度，按规定权限审核批准事业单位公务用车有关事项。

事业单位具体实施本单位公务用车管理工作，按规定做好车辆配备更新、注册登记、日常使用、处置等工作。

行政主管部门、事业单位应当明确公务用车管理机构和人员，落实管理责任，不断规范和加强公务用车管理工作。

第六条　事业单位公务出行应当坚持社会化、市场化方向，将坚持勤俭办一切事业要求贯彻落实到公务用车管理全流程、各环节，从严配备、集约使用、规范处置公务用车，节约高效保障公共服务和公益事业需要。

第七条　事业单位应当严格在公务用车制度改革经核准保留的公务用车控制数内配备车辆，不得以任何形式变相超数量配备。

第八条　事业单位因机构新设或者变更、人员编制增加、工作职责调整等原因，确需核增或者调整公务用车控制数的，应当充分论证必要性，由行政主管部门在所属事业单位控制数总额内统筹调剂解决，报国管局、财政部备案。

因新设立事业单位，确需明确公务用车控制数且难以调剂解决的，由事业单位按照公务用车制度改革有关政策规定提出申请，行政主管部门应当根据事业单位"三定"规定，参照所属其他同级别、同类型、同规模事业单位情况核定，报国管局、财政部备案。

事业单位因机构撤销或者变更、人员编制减少、工作职责调整等原因减少公务用车控制数的，行政主管部门应当按规定核减，报国管局、财政部备案。

第九条　事业单位公务用车配备应当严格执行以下标准：

（一）用于机要通信的工作用车配备价格12万元以内（不含车辆购置税，下同）、排气量1.6升（含）以下的轿车或者其他小型客车。

（二）业务用车和用于应急等公务的工作用车以及其他按规定配备的车辆，配备价格18万元以内、排气量1.8升（含）以下的轿车或者其他小型客车。

确因情况特殊,可以适当配备价格 25 万元以内、排气量 3.0 升(含)以下的其他小型客车、中型客车,或者价格 45 万元以内的大型客车。

(三)特种专业技术用车配备标准由行政主管部门会同财政部按照保障工作需要、厉行节约的原则确定,报国管局备案。

公务用车配备新能源轿车的,价格不得超过 18 万元。

上述所称小型客车、中型客车、大型客车等,依据中华人民共和国公共安全行业标准 GA802－2019《道路交通管理 机动车类型》界定。

第十条 事业单位应当配备使用国产汽车,优先配备使用新能源汽车,按照规定逐步扩大新能源汽车配备比例。

用于机要通信的工作用车,以及使用场景相对单一、主要在城区行驶的业务用车等,原则上应当配备新能源汽车。

第十一条 事业单位公务用车配备更新实行年度计划管理。事业单位应当根据工作需要、现有车辆情况以及公务用车控制数、配备标准等,编制公务用车年度配备更新计划,计划中应当明确新能源汽车配备更新数量。行政主管部门应当严格审核所属事业单位车辆配备更新需求的合理性、合规性,优先通过系统内调剂方式解决,确保当年配备更新车辆中新能源汽车整体比例达到规定要求。

事业单位公务用车年度配备更新计划纳入中央行政事业单位通用资产配置计划,由行政主管部门审核批复后报国管局备案。

第十二条 事业单位应当严格执行公务用车年度配备更新计划,按照"处置一辆、更新一辆"原则,根据政府采购有关规定实施车辆采购。

在京事业单位公务用车配备更新，由行政主管部门审核后报国管局批准，具体程序及要求按照《在京中央和国家机关公务用车指标管理办法》（国管资〔2011〕167号）执行。

京外事业单位公务用车配备更新审批权限，由行政主管部门确定，报国管局备案。

确因地理环境特殊、工作性质需要等原因超出规定标准配备公务用车的，或者配备国产越野车的，应当充分论证必要性，严格履行审批手续。越野车不得作为领导干部固定用车。

第十三条　事业单位接受车辆捐赠，应当符合《中华人民共和国公益事业捐赠法》、《行政事业性国有资产管理条例》等法律法规，不得突破公务用车控制数，不得作为领导干部固定用车。

第十四条　除涉及国家安全等有保密要求的特殊工作用车外，公务用车注册登记所有人应当为本事业单位法人，不得将公务用车登记在行政主管部门、其他单位、企业或者个人名下。

在京事业单位车辆权属发生变化的，应当按照《在京中央和国家机关公务用车指标管理办法》（国管资〔2011〕167号）有关规定及时办理转移登记等手续。

第十五条　事业单位公务用车实行集中管理、统一调度。事业单位应当严格执行公务用车使用信息登记、公示以及加油、维修、保险政府采购有关规定，健全运行费用单车核算和年度绩效评价制度，提高车辆使用效率，避免闲置浪费。

事业单位应当加强公务用车使用管理，严格按照规定使用公务用车，节假日期间除工作需要外应当封存停驶。严禁公车私用、私车公养，不得既领取公务交通补贴，又违规使用公务用车或者报销公务交通费用。

事业单位应当减少公务用车长途行驶，工作人员到外地办理公务，除特殊情况外，应当乘用公共交通工具。

事业单位不得换用、借用、占用下属单位或者其他单位和个人的车辆，不得向行政主管部门或者个人提供或者配备车辆，不得挪用或者固定给个人使用业务用车、特种专业技术用车等公务用车。

第十六条 特种专业技术用车必须长期搭载固定设备并实行标识化管理，在车身显著位置喷涂或者安装国家行业领域统一规定的标识。

第十七条 国管局负责统一建设事业单位公务用车管理信息系统，行政主管部门应当按要求组织所属事业单位将公务用车纳入信息系统，逐步实现全流程信息化管理。

第十八条 公务用车使用年限超过8年的可以更新；达到更新年限仍能继续使用的，应当继续使用。因安全等原因确需提前更新的，应当由第三方专业机构出具评估意见后，报行政主管部门批准。

事业单位公务用车处置审批权限，按照现行中央行政事业单位国有资产处置管理有关规定执行。事业单位应当依据处置批复等相关文件，通过中央行政事业单位国有资产处置平台及时处置车辆，除涉密车辆外，应当按规定公开。京外单位车辆可以通过属地公务用车主管部门按程序确定的车辆处置机构处置。

第十九条 事业单位应当严格控制、从严审批租用车辆。除学校、医院等单位用于保障校区院区间日常通勤需求等特殊情况外，原则上实行"一事一租"，不签订固定期限租车合同。事业单位租用车辆审批权限，由行政主管部门确定，报国管局备案。

事业单位不得以租用车辆方式变相超出控制数和规定标准配车，或者固定给个人使用，在现有车辆闲置的情况下原则上不得再租用同类车辆。

第二十条 事业单位应当按要求编报公务用车统计报告，真实、全面、准确反映公务用车配备、使用、处置和管理有关情况，由行政主管部门审核汇总后报国管局。

第二十一条 国管局应当加强对行政主管部门、事业单位公务用车管理情况的监督检查，重点对行政主管部门审批所属事业单位公务用车控制数、配备更新等情况进行监督检查。

行政主管部门应当加强对所属事业单位公务用车配备更新、使用、处置等情况的监督检查，协助纪检监察、财政、审计、机关事务管理部门开展监督检查工作，及时发现并纠正公务用车管理中的问题。

事业单位应当将公务用车配备更新、使用、处置和经费预算执行等情况纳入内部审计等范围，主动接受监督。

第二十二条 事业单位公务用车管理行业特点突出的行政主管部门应当根据国家有关规定和本办法，结合实际制定完善相关配套制度，报国管局备案。

第二十三条 全国人大机关、全国政协机关和各民主党派中央所属事业单位，中央国家机关所属垂直管理机构、派出机构所属事业单位，依照本办法进行管理。

参照公务员法管理的事业单位公务用车管理按规定适用《党政机关公务用车管理办法》。

实行垂直管理的事业单位公务用车，由行政主管部门按照《中央国家机关所属垂直管理机构　派出机构公务用车管理办法（试行）》进行管理。

执行企业财务、会计制度的事业单位公务用车，由行政主管部门按照公务用车制度改革有关规定进行管理。

事业单位部级干部公务用车管理按照中央有关规定执行。

第二十四条 本办法由国管局负责解释。

第二十五条 本办法自 2023 年 10 月 1 日起施行。

国务院机关事务管理局 中共中央直属机关事务管理局关于印发《在京中央和国家机关公务用车指标管理办法》的通知

(2011年4月12日 国管资〔2011〕167号)

中央和国家机关各部门：

为贯彻落实党中央、国务院关于各级党政机关厉行节约、反对铺张浪费的工作要求，加强在京中央和国家机关公务用车管理，严格控制公务用车数量，降低机关运行成本，根据《中共中央办公厅、国务院办公厅关于印发〈党政机关公务用车配备使用管理办法〉的通知》（中办发〔2011〕2号）和《北京市人民政府关于进一步推进首都交通科学发展加大力度缓解交通拥堵工作的意见》（京政发〔2010〕42号），我们制定了《在京中央和国家机关公务用车指标管理办法》，现印发给你们，请按照执行。

附件：在京中央和国家机关公务用车指标管理办法

2011年4月12日

附件：

在京中央和国家机关公务用车指标管理办法

第一条 为了加强在京中央和国家机关公务用车管理，严格控制公务用车数量，降低机关运行成本，根据《中共中央办公厅、国务院办公厅关于印发〈党政机关公务用车配备使用管理办法〉的通知》（中办发〔2011〕2号）和《北京市人民政府关于进一步推进首都交通科学发展加大力度缓解交通拥堵工作的意见》（京政发〔2010〕42号），制定本办法。

第二条 中央和国家机关各部门及其所属在京行政事业单位公务用车的指标管理，适用本办法。

执行企业会计制度的中央和国家机关各部门所属在京事业单位公务用车的指标管理，不适用本办法。

第三条 实行指标管理的公务用车，包括部级干部专车、一般公务用车和执法执勤用车，含轿车、越野车、旅行车、大客车等。

第四条 国务院机关事务管理局（以下简称国管局）负责中央国家机关各部门及其所属在京行政事业单位公务用车的指标管理，中共中央直属机关事务管理局（以下简称中直管理局）负责中共中央直属机关各部门及其所属在京行政事业单位公务用车的指标管理。

国管局、中直管理局应当从严审核在京中央和国家机关公务用车指标，确保公务用车数量零增长。

第五条 各部门及其所属在京行政事业单位申请公务用车指标，应当符合下列条件：

（一）已实行公务用车编制管理，且编制有空缺；

（二）年度公务用车配备更新计划经国管局、中直管理局批准；

（三）处置一辆，更新一辆，不增加本单位公务用车数量；

（四）公务用车购置经费来源符合有关规定。

第六条 各部门及其所属在京行政事业单位申请公务用车指标，应当按照下列程序办理：

（一）用车单位向所在部门提出申请；

（二）所在部门审核同意后分别报国管局、中直管理局，并提供公务用车配备更新计划、购置经费预算批复文件及编制和处置证明复印件；

（三）国管局、中直管理局审核同意后，向用车单位所在部门复函；

（四）用车单位凭复函，按照政府采购有关规定采购公务用车后，凭政府采购验收单、购车发票和组织机构代码证书复印件，分别到国管局、中直管理局办理公务用车更新证明，作为公务用车指标凭证。各部门申请机关本级公务用车指标的，凭复函和组织机构代码证书复印件到国管局、中直管理局直接办理公务用车更新证明；

（五）用车单位凭公务用车更新证明，在北京市车辆购置税征稽部门缴纳车辆购置税后，到北京市公安交通管理部门办理车辆注册登记手续；

（六）用车单位将车辆行驶证复印件分别报国管局、中直管理局备案。

第七条 各部门及其所属在京行政事业单位因新设机构、调整职能、处置突发事件等特殊原因，需要在年度配备更新计划外配备更新公务用车的，由部门审核后分别报国管局、中直管理局申请核发公务用车更新证明。

第八条 各部门及其所属在京行政事业单位之间调剂公务用车，需要办理过户手续的，凭国管局、中直管理局出具的调拨凭证，到北京市公安交通管理部门办理车辆转移登记手续。

第九条 各部门及其所属在京行政事业单位应当严格执行公务用车指标管理规定，不得提供虚假申请材料和信息，不得伪造、涂改公务用车更新证明和调拨凭证，不得通过参加北京市小客车指标摇号方式购置公务用车。

第十条 国管局、中直管理局会同有关部门对中央和国家机关公务用车指标管理规定执行情况进行监督检查，对违反本办法规定的，不予核发公务用车指标，并依照中办发〔2011〕2号文件有关规定进行处理。

第十一条 最高人民法院、最高人民检察院、各人民团体及其所属在京行政事业单位公务用车的指标管理，依照本办法执行。

第十二条 本办法由国管局会同中直管理局负责解释。

第十三条 本办法自印发之日起施行。

国务院机关事务管理局 中共中央直属机关事务管理局关于印发《中央和国家机关公务用车耗油定额标准（试行）》的通知

（2009年1月7日 国管资〔2009〕28号）

中央和国家机关各部门、各单位：

　　为进一步加强中央和国家机关公务用车节油工作，推进节能减排，降低车辆运行成本，我们参照各种车辆出厂规定的耗油标准，并通过实际测算，制定了《中央和国家机关公务用车耗油定额标准（试行）》，现印发你们。请各部门、各单位结合实际制定具体实施办法并组织实施，执行情况分别报国管局、中直管理局备案。

　　附件：中央和国家机关公务用车耗油定额标准（试行）

2009年1月7日

附件：

中央和国家机关公务用车耗油定额标准（试行）

　　一、为进一步加强中央和国家机关公务用车节油工作，推进节能减排,降低车辆运行成本,制定本标准。

二、中央和国家机关公务用车主要车型耗油定额标准:

序号	车辆类型	定额标准(升/百公里)
1	奥迪 FV7241 型	13.7
2	奥迪 A6L2.4 型	13.9
3	奥迪 FV7201 型	12.7
4	奥迪 A6L1.8T 型	12.5
5	别克系列	14.0
6	帕萨特系列	13.0
7	蒙迪欧型	12.7
8	中华尊驰型	12.5
9	奇瑞东方之子型	11.9
10	红旗奔腾型	11.5
11	奥迪 100 系列	13.1
12	奥迪 200 系列	13.2
13	桑塔纳系列	12.0
14	汇众旅行车	14.6
15	金杯旅行车	13.6
16	柯斯达旅行车	19.7

三、本标准中未列入的车型,各部门、各单位可参照车辆出厂规定的耗油标准,结合车辆实际耗油情况,自行规定。

四、各部门、各单位应当根据本标准,加强单车核算和耗油统计,建立健全耗油公示制度和奖惩制度。

五、请各部门、各单位加强领导,健全组织,完善车辆管理制度,切实把公务用车节油工作落到实处。

ed
第七部分　公务出国

财政部 外交部 监察部等关于印发《加强党政干部因公出国（境）经费管理暂行办法》的通知

(2008年8月5日 财行〔2008〕230号)

党中央有关部门，国务院各部委、直属机构，总后勤部、武警总部，全国人大常委会办公厅，全国政协办公厅，高法院，高检院，有关人民团体，各省、自治区、直辖市、计划单列市财政厅（局）、外事办、监察厅（局、委）、审计厅（局），新疆生产建设兵团财务局、外事（旅游）局、纪委监察局，审计局：

为贯彻落实中共中央办公厅、国务院办公厅《关于进一步加强因公出国（境）管理的若干规定》（中办发〔2008〕9号），规范因公出国（境）行为，加强因公出国（境）经费审批及预算管理，我们制定了《加强党政干部因公出国（境）经费管理暂行办法》，现印发给你们，请结合实际情况，认真贯彻执行。

附件：加强党政干部因公出国（境）经费管理暂行办法

财政部 外交部 监察部
审计署 国家预防腐败局
2008年8月5日

附件：

加强党政干部因公出国（境）经费管理暂行办法

第一条 为贯彻落实党中央、国务院关于加强因公出国（境）管理工作的指示精神，切实规范党政干部因公出国（境）活动，进一步严格因公出国（境）经费审批及监督管理，强化预算约束，提高财政资金使用效益，制定本办法。

第二条 各级党政机关因公出国（境）活动，包括访问、考察、培训、参加国际活动等，应严格执行中共中央办公厅、国务院办公厅《关于进一步加强因公出国（境）管理的若干规定》（中办发〔2008〕9号），严格遵守预算管理的法律、行政法规，不得为不符合因公出国（境）条件的团组安排经费。

第三条 各级财政部门应进一步加强对因公出国（境）经费的预算管理。应根据财力的可能，科学合理地安排因公出国（境）经费预算额度，将因公出国（境）经费全部纳入预算管理，未安排预算的单位视为无出国（境）任务安排。严格控制因公出国（境）经费预算规模，对各级党政机关因公出国（境）经费预算实行零增长。

第四条 各级财政部门应进一步加强对因公出国（境）活动的用汇额度管理。按照各级党政机关因公出国（境）经费预算规模相应安排出国（境）用汇额度，采取切实措施加强党政机关出国（境）用汇管理，实行因公出国（境）经费预算及用汇额度双控制。

第五条 各级党政机关应切实加强因公出国（境）经费管理。要在财政部门批准的年度因公出国（境）经费预算和外汇额度内核定出国（境）计划，并根据工作需要组织安排出国（境）活动，确定出国（境）团组数量和规模，如需调整，应在预算内调剂安排。各级党政机关不得超预算或无预算安排出国（境）团组，不得接受或变相接受企事业单位资助，或向同级机关、下级机关和下属单位摊派、转嫁费用。

第六条　各级党政机关应贯彻"勤俭办外事"的方针，加强对因公出国（境）团组的财经纪律教育。因公出国（境）团组应严格执行各项费用开支标准，本着务实、高效、精简、节约的原则开展工作，努力提高工作效率和工作质量。

第七条　各级党政机关应建立因公出国（境）经费先行审核制度。因公出国（境）经费审批部门和任务审批部门要实行审批联动，从源头上把握和控制因公出国（境）活动，坚决制止公款出国（境）旅游行为。因公出国（境）经费审批部门和任务审批部门应根据各自的职责参与因公出国（境）的审批联动，具体审核原则如下：

（一）各级党政机关按照部门预算管理程序向同级财政部门申请出国（境）经费预算时，必须同时提供上一年度出国（境）经费预算执行情况。

（二）各级外事审批部门与财政部门应及时沟通因公出国（境）计划情况。各级财政部门应根据国家和地方财力及出国（境）经费预算申请情况确定各部门的出国经费预算额度，并实行总量控制。

（三）各地区各部门每年1月底前向中央外事工作领导小组办公室和外交部报送省部级人员本年度出国（境）计划时，应明确预算安排可以保证出国（境）团组经费开支。

（四）各级党政机关预算经各级人大批准以后，各级外事审批部门与派出单位的财务部门要根据出国（境）经费预算对纳入出国（境）计划的具体出国（境）任务逐一进行任务和经费联动审核，相互及时沟通情况，严格把关，堵塞漏洞。

（五）各级外事审批部门在审批因公出国（境）任务时，派出单位的财务部门应出具经费安排的意见，双跨类团组参团人员由其所在单位的财务部门出具经费审核意见，确保出国（境）任务在部门预算确定的出国（境）经费预算额度内执行。

（六）中央外事工作领导小组办公室和外交部在审批省部级因公出国（境）团组任务时，团组成员所在中央单位财务部门、地方财政部门应出具经费安排的意见。

（七）对于部门预算中未安排出国（境）经费预算，要求使用其他经费（包括单位行政、事业经费，摊派经费，企业赞助经费等）的因公出国（境）团组申请，视为无出国（境）经费预算安排，财务部门一律不得出具认可意见。凡未经财务部门经费审核认可的因公出国（境）申请，各级外事审批部门一律不予批准。

第八条　国家外国专家局安排的出国（境）培训团组，已纳入国家外国专家局计划并由其资助的出国人员，由国家外国专家局出具经费审核意见，其他参团人员由其所在单位的财务部门出具经费审核意见。

第九条　财务部门应进一步严格对因公出国（境）团组的经费核销管理。对因公出国（境）团组提供的出国（境）任务批件、护照（包括签证和出入境记录）复印件及有效费用明细票据进行认真审核，严格按照批准的出国（境）团组人数、天数、出国路线、经费计划以及有关的经费开支标准等进行核销，不得核销与公务活动无关的开支和计划外发生的费用，不得核销虚假费用单据。

除中央有关文件规定的特殊情况外，各级财务部门一律不得报销党政干部持因私出国（境）证件的出国（境）费用。

第十条 各级党政机关应建立健全对因公出国（境）团组的内部监督检查机制。财务部门应定期或不定期对因公出国（境）团组及经费使用情况进行检查，并于每年第一季度向同级财政部门报送上年度因公出国（境）经费和外汇使用情况。

第十一条 各级纪检监察机关应加强对因公出国（境）经费使用情况的有效监管。应将监管因公出国（境）经费使用情况作为坚决制止公费出国（境）旅游的重要内容，加大监督检查力度。

第十二条 各级审计机关应加强对因公出国（境）经费使用情况的审计监督。应将因公出国（境）经费的管理和使用情况的审计监督作为审计工作的重点，对各单位因公出国（境）经费管理和使用情况进行专项审计。

第十三条 各级纪检监察、审计机关对因公出国（境）经费使用管理中出现的违反财经纪律的行为，应按有关规定严肃处理。对弄虚作假，挪用其他资金、摊派转嫁出国（境）费用的，各级纪检监察机关要追究组团单位和团组相关人员的责任；对不认真履行经费审核、核销责任的，要追究财政、财务部门相关人员的责任；对未经经费审核部门认可而批准出国（境）的，要追究外事审批部门相关人员的责任。对涉嫌犯罪的要移送司法机关依法追究刑事责任。

第十四条 各地区各部门根据本办法并结合实际情况制定加强因公出国（境）经费管理的具体办法及出国任务与经费审批联动的具体实施方案。

第十五条 事业单位因公出国（境）经费的管理可参照本办法执行。

第十六条 本办法由财政部负责解释。

第十七条 本办法自发布之日起实施。

财政部 外交部关于印发《因公临时出国经费管理办法》的通知

(2013年12月20日 财行〔2013〕516号)

党中央各部门，国务院各部委、各直属机构，总后勤部、武警总部，全国人大常委会办公厅，全国政协办公厅，高法院，高检院，各人民团体，各民主党派，各省、自治区、直辖市、计划单列市财政厅（局）、人民政府外事办公室，新疆生产建设兵团财务局、外事局：

根据中共中央政治局《关于改进工作作风、密切联系群众的八项规定》的要求和《党政机关厉行节约反对浪费条例》的精神，为进一步规范因公临时出国经费管理，我们对《临时出国人员费用开支标准和管理办法》（财行〔2001〕73号）进行了修订。现将修订后的《因公临时出国经费管理办法》（以下简称《办法》）印发给你们，请认真遵照执行。

请各地区各部门各单位根据《办法》基本原则和要求，结合实际制定具体规定，并于2014年2月1日前报送财政部备案。边境地区有频繁出国任务的，由所在省、自治区财政厅根据实际情况制定本地区因公临时出国经费开支标准和管理办法，并于2014年4月1日前报送财政部备案。

附件：因公临时出国经费管理办法

财政部　外交部
2013 年 12 月 20 日

附件：

因公临时出国经费管理办法

第一章　总　　则

第一条　为了进一步规范因公临时出国经费管理，加强预算监督，提高资金使用效益，保证外事工作的顺利开展，根据《中华人民共和国预算法》、《党政机关厉行节约反对浪费条例》等法律法规，制定本办法。

第二条　本办法适用于各级党政军机关、人大政协机关、审判机关、检察机关、民主党派、人民团体和事业单位因公组派临时代表团组的省部级以下（含省部级）出国人员（以下简称出国人员）。

第三条　各地区各部门各单位因公组派临时出国团组应当坚持强化预算约束、优化经费结构、厉行勤俭节约、讲求务实高效的原则，严格控制因公临时出国规模，规范因公临时出国经费管理。

第二章　预算管理和计划管理

第四条　因公临时出国经费应当全部纳入预算管理，并按照下列规定执行：

（一）各级财政部门应当加强因公临时出国经费的预算管理，严格控制因公临时出国经费总额，科学合理地安排因公临时出国经费预算。

（二）各地区各部门各单位应当加强预算硬约束，认真贯彻落实厉行节约的要求，在核定的年度因公临时出国经费预算内，务实高效、精简节约地安排因公临时出国活动，不得超预算或无预算安排出访团组。确有特殊需要的，按规定程序报批。

第五条 出访团组实行计划审批管理，并按照下列规定执行：

（一）各地区各部门各单位应当认真贯彻中央有关外事管理规定，科学制订年度因公临时出国计划，认真履行因公临时出国计划报批制度，严格控制因公临时出国团组人数、国家数和在外停留天数，正确执行限量管理规定。组团单位和派出单位要明确责任，谁派出、谁负责。

（二）因公临时出国应当坚持因事定人的原则，不得因人找事，不得安排照顾性和无实质内容的一般性出访，不得安排考察性出访。

（三）各级外事部门应当加强因公临时出国计划的审核审批管理，严格把关，对违反规定、不适合成行的团组予以调整或者取消。驻外使馆答复国内因公临时出国征求意见时，应当严格履行把关职责。

第六条 各地区各部门各单位出国经费的支付，应当严格按照国库集中支付制度和公务卡管理制度的有关规定执行。

各地区各部门各单位应当严格执行各项经费开支标准，不得擅自突破，严禁接受或变相接受企事业单位资助，严禁向同级机关、下级机关、下属单位、企业、驻外机构等摊派或转嫁出访费用。

第七条 各地区各部门各单位应当建立因公临时出国计划与财

务管理的内部控制制度。出访团组应当事先填报《因公临时出国任务和预算审批意见表》（见附1），由单位外事和财务部门分别出具审签意见，明确审核责任。出国任务、出国经费预算未通过审核的，不得安排出访团组。

第三章 经费管理

第八条 因公临时出国经费包括：国际旅费、国外城市间交通费、住宿费、伙食费、公杂费和其他费用。

国际旅费，是指出境口岸至入境口岸旅费。

国外城市间交通费，是指为完成工作任务所必须发生的，在出访国家的城市与城市之间的交通费用。

住宿费是指出国人员在国外发生的住宿费用。

伙食费是指出国人员在国外期间的日常伙食费用。

公杂费是指出国人员在国外期间的市内交通、邮电、办公用品、必要的小费等费用。

其他费用主要是指出国签证费用、必需的保险费用、防疫费用、国际会议注册费用等。

第九条 国际旅费按照下列规定执行：

（一）选择经济合理的路线。出国人员应当优先选择由我国航空公司运营的国际航线，由于航班衔接等原因确需选择外国航空公司航线的，应当事先报经单位外事和财务部门审批同意。不得以任何理由绕道旅行，或以过境名义变相增加出访国家和时间。

（二）按照经济适用的原则，通过政府采购等方式，选择优惠票价，并尽可能购买往返机票。

（三）因公临时出国购买机票，须经本单位外事和财务部门审批同意。机票款由本单位通过公务卡、银行转账方式支付，不得以现金支付。单位财务部门应当根据《航空运输电子客票行程单》等有效票据注明的金额予以报销。

（四）出国人员应当严格按照规定安排交通工具，不得乘坐民航包机或私人、企业和外国航空公司包机。

（五）省部级人员可以乘坐飞机头等舱、轮船一等舱、火车高级软卧或全列软席列车的商务座；司局级人员可以乘坐飞机公务舱、轮船二等舱、火车软卧或全列软席列车的一等座；其他人员均乘坐飞机经济舱、轮船三等舱、火车硬卧或全列软席列车的二等座。所乘交通工具舱位等级划分与以上不一致的，可乘坐同等水平的舱位。所乘交通工具未设置上述规定中本级别人员可乘坐舱位等级的，应乘坐低一等级舱位。上述人员发生的国际旅费据实报销。

（六）出国人员乘坐国际列车，国内段按国内差旅费的有关规定执行；国外段超过6小时以上的按自然（日历）天数计算，每人每天补助12美元。

第十条 出国人员根据出访任务需要在一个国家城市间往来，应当事先在出国计划中列明，并报本单位外事和财务部门批准。未列入出国计划、未经本单位外事和财务部门批准的，不得在国外城市间往来。出国人员的旅程必须按照批准的计划执行，其城市间交通费凭有效原始票据据实报销。

第十一条 住宿费按照下列规定执行：

（一）出国人员应当严格按照规定安排住宿，省部级人员可安排普通套房，住宿费据实报销；厅局级及以下人员安排标准间，在规定的住宿费标准之内予以报销。

（二）参加国际会议等的出国人员，原则上应当按照住宿费标准执行。如对方组织单位指定或推荐酒店，应当严格把关，通过询价方式从紧安排，超出费用标准的，须事先报经本单位外事和财务部门批准。经批准，住宿费可据实报销。

第十二条 伙食费和公杂费按照下列规定执行：

（一）出国人员伙食费、公杂费可以按规定的标准发给个人包干使用。包干天数按离、抵我国国境之日计算。

（二）根据工作需要和特点，不宜个人包干的出访团组，其伙食费和公杂费由出访团组统一掌握，包干使用。

（三）外方以现金或实物形式提供伙食费和公杂费接待我代表团组的，出国人员不再领取伙食费和公杂费。

（四）出访用餐应当勤俭节约，不上高档菜肴和酒水，自助餐也要注意节俭。

第十三条 出访团组对外原则上不搞宴请，确需宴请的，应当连同出国计划一并报批，宴请标准按照所在国家一人一天的伙食费标准掌握。

出访团组与我国驻外使领馆等外交机构和其他中资机构、企业之间一律不得用公款相互宴请。

第十四条 出访团组在国外期间，收授礼品应当严格按有关规定执行。原则上不对外赠送礼品，确有必要赠送的，应当事先报经本单位外事和财务部门审批同意，按照厉行节俭的原则，选择具有民族特色的纪念品、传统手工艺品和实用物品，朴素大方，不求奢华。

出访团组与我国驻外使领馆等外交机构和其他中资机构、企业之间一律不得以任何名义、任何方式互赠礼品或纪念品。

第十五条 出国签证费用、防疫费用、国际会议注册费用等凭有效原始票据据实报销。根据到访国要求，出国人员必须购买保险的，应当事先报经本单位外事和财务部门批准后，按照到访国驻华使领馆要求购买，凭有效原始票据据实报销。

第十六条 出国人员回国报销费用时，须凭有效票据填报有团组负责人审核签字的国外费用报销单（具体表格由各单位制定）。各种报销凭证须用中文注明开支内容、日期、数量、金额等，并由经办人签字。

各单位财务部门应当根据本办法制定本单位财务报销审批的具体规定，加强对因公临时出国团组的经费核销管理。各单位财务部门应当对因公临时出国团组提交的出国任务批件、护照（包括签证和出入境记录）复印件及有效费用明细票据进行认真审核，严格按照批准的出国团组人员、天数、路线、经费预算及开支标准核销经费，不得核销与出访任务无关的开支。

第十七条 中央各部门根据出国经费预算，结合实际购汇需求，自主核定本部门及其所属单位购汇数额，通过财政部批准的人民币资金账户，向外汇指定银行购买外汇。

省级财政部门根据本级各部门和下级财政部门的申请，自主核定本地区购汇数额，并确定一家外汇指定银行具体办理购汇手续。

第四章　监督检查

第十八条 除涉密内容和事项外，因公临时出国经费的预决算应当按照预决算信息公开的有关规定，及时公开，主动接受社会监督。

第十九条 各级外事、财政、审计等部门对因公临时出国情况进行定期或不定期联合检查。各级财政部门应当定期或不定期对各部门各单位因公临时出国经费管理使用情况进行监督检查。审计部门应当对各部门各单位因公临时出国经费管理使用情况进行审计。

财务部门应当建立健全因公临时出国团组内部监督检查机制，每半年向同级外事、财政部门报送本部门本单位因公临时出国经费使用情况。严格按照预算绩效管理的有关规定，加强因公临时出国经费预算绩效评价，切实提高预算资金的使用效益。

第二十条　组团单位应当采取集中形式，对团组全体人员进行行前财经纪律教育。对出国人员违反本办法规定，有下列行为之一的，除相关开支一律不予报销外，按照《财政违法行为处罚处分条例》等有关规定严肃处理，并追究有关人员责任：

（一）违规扩大出国经费开支范围的；

（二）擅自提高经费开支标准的；

（三）虚报团组级别、人数、国家数、天数等，套取出国经费的；

（四）使用虚假发票报销出国费用的；

（五）其他违反本办法的行为。

第五章　附　　则

第二十一条　各地区各部门各单位因公临时赴香港、澳门、台湾地区的，适用本办法。

第二十二条　各地区各部门各单位可以根据本办法，结合实际制定具体规定，报财政部备案。边境地区有频繁出国任务的，其因公临时出国经费开支标准和管理办法由所在省、自治区财政厅根据实际情况制定，并报财政部备案。

第二十三条　对与我新建交或未建交国家，相关经费开支标准暂按照经济水平相近的邻国标准执行。

第二十四条　财政部、外交部根据出访国家或地区经济发展、物价等变动情况，对相关经费开支标准适时调整。

第二十五条　国有企业和其他因公临时出国人员参照本办法执行。

第二十六条　本办法由财政部、外交部负责解释。

第二十七条　本办法自发布之日起30日后施行。财政部、外交部《关于印发〈临时出国人员费用开支标准和管理办法〉的通知》（财行〔2001〕73号）和财政部、中国民用航空总局《关于加强因公出国机票管理的通知》（财外字〔1998〕283号）同时废止。

附1：因公临时出国任务和预算审批意见表

附2：各国家和地区住宿费、伙食费、公杂费开支标准表

附 1：

因公临时出国任务和预算审批意见表

团组名称						
组团单位		团长（级别）		团员人数		
出访国别（含经停）			出访时间（天数）			
出国任务审核意见							
审核单位			审核日期			
审核依据						
审核内容	是否列入出国计划：					
	出访目标和必要性：					
	时间和国别是否符合规定：					
	路线是否符合规定：					
	团组人数是否符合规定：					
	其他事项：					
审核意见						
预算财务审核意见						
审核单位			审核日期			
审核依据						
审核内容	是否列入年度预算：					
	合计	国际旅费	住宿费	伙食费	公杂费	其他费用
	须事先报批的支出事项：					
	其他事项：					
审核意见						

备注：出访团组和单位财务部门应对各项支出的测算和审核做详细说明。

附2：

各国家和地区住宿费、伙食费、公杂费开支标准表

序号	国家（地区）	城　市	币种	住宿费（每人每天）	伙食费（每人每天）	公杂费（每人每天）
一	亚洲					
1	蒙古		美元	90	50	35
2	朝鲜		美元	90	40	30
3	韩国	首尔、釜山、济州	美元	180	70	35
4		光州、西归浦	美元	160	70	35
5		其他城市	美元	150	70	35
6	日本	东京	日元	20000	10000	5000
7		大阪、京都	日元	18000	10000	5000
8		福冈、札幌、长崎、名古屋	日元	14000	10000	5000
9		其他城市	日元	9000	10000	5000
10	缅甸		美元	90	50	35
11	巴基斯坦	伊斯兰堡、拉合尔、卡拉奇	美元	135	30	30
12		奎达	美元	70	30	30
13		其他城市	美元	60	30	30
14	斯里兰卡		美元	110	40	30
15	马尔代夫		美元	160	50	30
16	孟加拉		美元	150	50	40
17	伊拉克		美元	170	50	40
18	阿拉伯联合酋长国		美元	200	50	40
19	也门	萨那	美元	110	50	35
20		亚丁	美元	90	50	35
21		其他城市	美元	80	50	35
22	阿曼		美元	150	50	40

续表

序号	国家（地区）	城　市	币种	住宿费（每人每天）	伙食费（每人每天）	公杂费（每人每天）
23	伊朗		美元	95	50	40
24	科威特		美元	200	70	40
25	沙特阿拉伯	利雅得	美元	200	70	40
26		吉达	美元	140	70	40
27		其他城市	美元	120	70	40
28	巴林		美元	160	55	40
29	以色列		美元	200	70	40
30	巴勒斯坦		美元	180	70	40
31	文莱		美元	130	40	35
32	印度	新德里、加尔各答	美元	175	50	35
33		孟买	美元	200	50	35
34		其他城市	美元	155	50	35
35	不丹		美元	160	50	35
36	越南	河内	美元	90	40	30
37		胡志明	美元	80	40	30
38		其他城市	美元	70	40	30
39	柬埔寨		美元	100	40	30
40	老挝		美元	90	40	30
41	马来西亚		美元	110	50	35
42	菲律宾		美元	130	50	35
43	印度尼西亚		美元	125	50	35
44	东帝汶		美元	130	40	35
45	泰国	曼谷	美元	140	50	35
46		宋卡	美元	110	50	35
47		清迈、孔敬	美元	90	50	35
48		其他城市	美元	80	50	35
49	新加坡		美元	220	55	40
50	阿富汗		美元	100	38	30
51	尼泊尔		美元	140	50	35

续表

序号	国家（地区）	城 市	币种	住宿费（每人每天）	伙食费（每人每天）	公杂费（每人每天）
52	黎巴嫩		美元	150	50	35
53	塞浦路斯		美元	100	40	35
54	约旦		美元	120	50	35
55	土耳其	安卡拉	美元	105	45	30
56		伊斯坦布尔	美元	150	45	30
57		其他城市	美元	90	45	30
58	叙利亚		美元	110	50	35
59	卡塔尔		美元	160	60	40
60	香港		港币	1500	500	300
61	澳门		港币	1200	500	300
62	台湾		美元	150	60	40
二	非 洲					
63	马达加斯加	塔那那利佛	美元	130	38	30
64		塔马塔夫	美元	100	38	30
65		其他城市	美元	90	38	30
66	喀麦隆		美元	120	50	35
67	多哥		美元	110	48	35
68	科特迪瓦		美元	120	50	35
69	摩洛哥		美元	130	50	40
70	阿尔及利亚		美元	180	55	35
71	卢旺达		美元	130	32	30
72	几内亚		美元	130	55	35
73	埃塞俄比亚		美元	210	50	35
74	厄立特里亚		美元	110	50	35
75	莫桑比克		美元	170	50	35
76	塞舌尔		美元	240	50	35
77	肯尼亚		美元	195	50	35
78	利比亚		美元	160	50	35
79	安哥拉		美元	400	60	40

续表

序号	国家（地区）	城　市	币种	住宿费（每人每天）	伙食费（每人每天）	公杂费（每人每天）
80	赞比亚		美元	150	45	35
81	几内亚比绍		美元	135	45	35
82	突尼斯		美元	100	40	35
83	布隆迪		美元	150	40	35
84	莱索托		美元	100	35	30
85	津巴布韦		美元	120	45	33
86	尼日利亚	阿布贾	美元	270	60	35
87		拉各斯	美元	300	60	35
88		其他城市	美元	250	60	35
89	毛里求斯		美元	155	50	35
90	索马里		美元	180	50	35
91	苏丹		美元	130	40	32
92	贝宁		美元	150	35	30
93	马里		美元	150	50	35
94	乌干达		美元	170	50	35
95	塞拉利昂		美元	155	50	35
96	吉布提		美元	160	60	35
97	塞内加尔		美元	165	50	35
98	冈比亚		美元	170	50	35
99	加蓬		美元	180	60	35
100	中非		美元	140	50	35
101	布基纳法索		美元	140	50	35
102	毛里塔尼亚		美元	130	55	35
103	尼日尔		美元	145	50	35
104	乍得		美元	220	50	35
105	赤道几内亚		美元	200	50	35
106	加纳		美元	200	50	35
107	坦桑尼亚	达累斯萨拉姆	美元	180	50	35
108		桑给巴尔	美元	210	50	35

续表

序号	国家（地区）	城 市	币种	住宿费（每人每天）	伙食费（每人每天）	公杂费（每人每天）
109		其他城市	美元	160	50	35
110	刚果（金）		美元	220	50	35
111	刚果（布）		美元	170	50	35
112	埃及		美元	170	50	35
113	圣多美和普林西比		美元	170	50	35
114	博茨瓦纳		美元	170	50	35
115	南非	比勒陀利亚、约翰内斯堡	美元	170	50	35
116		开普敦	美元	210	50	35
117		德班	美元	150	50	35
118		其他城市	美元	130	50	35
119	纳米比亚		美元	140	35	30
120	斯威士兰		美元	150	50	35
121	利比里亚		美元	195	50	35
122	佛得角		美元	120	50	35
123	科摩罗		美元	120	40	35
124	南苏丹		美元	160	40	32
125	马拉维		美元	130	50	35
三	欧 洲					
126	罗马尼亚	布加勒斯特	美元	120	45	40
127		康斯坦察	美元	90	50	40
128		其他城市	美元	80	50	40
129	马其顿		美元	120	50	35
130	斯洛文尼亚		欧元	90	30	25
131	波黑		美元	100	40	35
132	克罗地亚		美元	120	40	35
133	阿尔巴尼亚		美元	150	35	30
134	保加利亚		美元	110	45	35
135	俄罗斯	莫斯科	美元	285	45	40

续表

序号	国家（地区）	城　市	币种	住宿费（每人每天）	伙食费（每人每天）	公杂费（每人每天）
136		哈巴罗夫斯克	美元	200	45	40
137		叶卡捷琳堡、圣彼得堡	美元	170	45	40
138		伊尔库茨克	美元	150	45	40
139		其他城市	美元	140	45	40
140	立陶宛		美元	120	45	35
141	拉脱维亚		欧元	90	35	25
142	爱沙尼亚		欧元	90	35	25
143	乌克兰	基辅	美元	100	45	40
144		敖德萨	美元	130	45	40
145		其他城市	美元	80	45	40
146	阿塞拜疆		美元	150	45	40
147	亚美尼亚		美元	120	45	40
148	格鲁吉亚		美元	150	45	40
149	吉尔吉斯斯坦	比什凯克	美元	230	45	40
150		其他城市	美元	80	45	40
151	塔吉克斯坦		美元	210	45	40
152	土库曼斯坦		美元	120	45	40
153	乌兹别克斯坦	塔什干	美元	120	40	32
154		撒马尔罕	美元	100	40	32
155		其他城市	美元	90	40	32
156	白俄罗斯		美元	180	45	40
157	哈萨克斯坦	阿斯塔纳	美元	160	45	40
158		阿拉木图	美元	200	45	40
159		其他城市	美元	140	45	40
160	摩尔多瓦		美元	90	45	40
161	波兰	华沙	美元	150	50	40
162		革但斯克	美元	130	50	40
163		其他城市	美元	120	50	40
164	德国	柏林、汉堡	欧元	150	60	38

续表

序号	国家（地区）	城 市	币种	住宿费（每人每天）	伙食费（每人每天）	公杂费（每人每天）
165		慕尼黑	欧元	130	60	38
166		法兰克福	欧元	180	60	38
167		其他城市	欧元	120	60	38
168	荷兰	海牙	欧元	150	60	38
169		阿姆斯特丹	欧元	170	60	38
170		其他城市	欧元	130	60	38
171	意大利	罗马	欧元	160	65	38
172		米兰	欧元	140	65	38
173		佛罗伦萨	欧元	120	65	38
174		其他城市	欧元	110	65	38
175	比利时		欧元	160	60	38
176	奥地利		欧元	140	60	38
177	希腊		欧元	110	55	35
178	法国	巴黎	欧元	150	60	40
179		马赛、斯特拉斯堡、尼斯、里昂	欧元	130	60	40
180		其他城市	欧元	120	60	40
181	西班牙		欧元	125	60	38
182	卢森堡		欧元	160	55	38
183	爱尔兰		欧元	120	60	38
184	葡萄牙		欧元	130	60	38
185	芬兰		欧元	145	60	40
186	捷克		美元	160	45	50
187	斯洛伐克		欧元	90	35	30
188	匈牙利		美元	180	45	45
189	瑞典		美元	280	80	50
190	丹麦		美元	200	80	50
191	挪威		美元	200	80	50
192	瑞士		美元	200	70	50

续表

序号	国家（地区）	城 市	币种	住宿费 （每人每天）	伙食费 （每人每天）	公杂费 （每人每天）
193	冰岛		美元	200	65	50
194	马耳他		欧元	90	38	25
195	塞尔维亚		美元	120	40	30
196	黑山		欧元	90	30	22
197	英国	伦敦	英镑	160	45	35
198		曼彻斯特、爱丁堡	英镑	140	45	35
199		其他城市	英镑	125	45	35
四	美 洲					
200	美国	华盛顿	美元	210	55	45
201		旧金山	美元	250	55	45
202		休斯顿	美元	180	55	45
203		波士顿	美元	230	55	45
204		纽约	美元	245	55	45
205		芝加哥	美元	220	55	45
206		洛杉矶	美元	200	55	45
207		夏威夷	美元	195	55	45
208		其他城市	美元	160	55	45
209	加拿大	渥太华、多伦多、卡尔加里、蒙特利尔	美元	210	55	45
210		温哥华	美元	240	55	45
211		其他城市	美元	190	55	45
212	墨西哥	墨西哥	美元	150	50	45
213		蒂华纳	美元	120	50	45
214		其他城市	美元	100	50	45
215	巴西	巴西利亚	美元	160	50	45
216		圣保罗	美元	240	50	45
217		里约热内卢	美元	260	50	45
218		其他城市	美元	150	50	45
219	牙买加		美元	160	50	45

续表

序号	国家（地区）	城　市	币种	住宿费（每人每天）	伙食费（每人每天）	公杂费（每人每天）
220	特立尼达和多巴哥		美元	180	50	45
221	厄瓜多尔		美元	120	40	32
222	阿根廷		美元	130	50	45
223	乌拉圭		美元	135	50	45
224	智利	圣地亚哥	美元	135	47	45
225		伊基克	美元	120	47	45
226		安托法加斯塔、阿里卡	美元	110	47	45
227		其他城市	美元	100	47	45
228	哥伦比亚	波哥大	美元	190	40	35
229		麦德林	美元	110	40	35
230		卡塔赫纳	美元	120	40	35
231		其他城市	美元	100	40	35
232	巴巴多斯		美元	250	60	45
233	圭亚那		美元	160	50	45
234	古巴		美元	135	40	37
235	巴拿马		美元	135	45	45
236	格林纳达		美元	190	45	45
237	安提瓜和巴布达		美元	150	60	45
238	秘鲁		美元	140	40	40
239	玻利维亚		美元	110	36	30
240	尼加拉瓜		美元	120	45	45
241	苏里南		美元	110	50	45
242	委内瑞拉		美元	230	45	45
243	海地		美元	180	45	43
244	波多黎各		美元	150	45	45
245	多米尼加		美元	150	45	45
246	多米尼克		美元	120	45	45
247	巴哈马		美元	220	45	45
248	圣卢西亚		美元	200	45	45

续表

序号	国家（地区）	城　市	币种	住宿费 （每人每天）	伙食费 （每人每天）	公杂费 （每人每天）
249	阿鲁巴岛		美元	200	45	45
250	哥斯达黎加		美元	120	45	40
五	大洋洲及太平洋岛屿					
251	澳大利亚	堪培拉、帕斯、布里斯班	美元	180	60	50
252		墨尔本、悉尼	美元	200	60	50
253		其他城市	美元	160	60	50
254	新西兰		美元	180	60	45
255	萨摩亚		美元	170	47	45
256	斐济	苏瓦	美元	190	45	50
257		楠迪	美元	120	45	50
258		其他城市	美元	110	45	50
259	巴布亚新几内亚		美元	350	55	50
260	密克罗尼西亚		美元	120	40	30
261	马绍尔群岛		美元	120	55	35
262	瓦努阿图		美元	150	55	35
263	基里巴斯		美元	195	55	35
264	汤加		美元	160	60	35
265	帕劳		美元	180	60	35
266	库克群岛		美元	180	60	35
267	所罗门群岛		美元	200	60	35
268	法属留尼汪		美元	140	60	35
269	法属波利尼西亚		美元	240	60	35

财政部 外专局关于印发《因公短期出国培训费用管理办法》的通知

(2014年2月25日 财行〔2014〕4号)

党中央各部门，国务院各部委、各直属机构，全国人大常委会办公厅，全国政协办公厅，高法院，高检院，各人民团体，各民主党派，各省、自治区、直辖市、计划单列市财政厅（局）、外国专家局，新疆生产建设兵团财务局、外国专家局：

根据中共中央政治局《关于改进工作作风、密切联系群众的八项规定》的要求和《党政机关厉行节约反对浪费条例》的精神，为进一步规范因公短期出国培训费用管理，我们研究制定了《因公短期出国培训费用管理办法》（以下简称《办法》），现印发给你们，请认真遵照执行。

请各地区各部门各单位根据《办法》基本原则和要求，结合实际制定具体规定，并于2014年4月1日前报送财政部备案。

附件：因公短期出国培训费用管理办法

财政部 外专局
2014年2月25日

附件：

因公短期出国培训费用管理办法

第一条 为进一步规范因公短期出国培训费用管理，加强预算监督，提高资金使用效益，保证出国培训工作的顺利开展，根据《党政机关厉行节约反对浪费条例》等法律法规，制定本办法。

第二条 各级党的机关、人大机关、行政机关、政协机关、审判机关、检察机关、民主党派、人民团体和事业单位（以下简称各单位）因公短期出国培训费用的管理适用本办法。

第三条 因公短期出国培训，是指各单位选派各类专业技术人员和管理人员到国外进行90天以内（不含90天）的业务培训。

第四条 因公短期出国培训应当坚持强化预算约束、优化培训结构、因事立项定人、加强监督管理的原则，严控费用规模，严格计划执行。

第五条 因公短期出国培训费用纳入预算管理。各单位安排因公短期出国培训项目应当实行经费预算先行审核，无预算或超预算的不得安排出国培训。

第六条 因公短期出国培训实行计划审核审批管理。组织、外专等有关部门应当加强出国培训的总体规划，严格控制出国培训规模，科学设置培训项目，择优选派培训对象，注重出国培训的质量和实效。

第七条 各单位应当建立因公短期出国培训计划与预算管理的内部控制制度。组团单位应当填报《因公短期出国培训任务和预算审批意见表》，由出国培训管理部门和财务部门分别审核并出具审签意见，报经本单位领导办公会或党组（党委）审议确定。培训任务、培训费用预算审核未通过的，不得列入单位出国培训计划，不得安排出国培训。

第八条 因公短期出国培训费用开支范围包括：培训费、国际旅费、国外城市间交通费、住宿费、伙食费、公杂费和其他费用。其中，培训费是指出国培训团组用于授课、翻译、场租、资料、课程设计、对口业务考察或业务实践活动等在国外培训所必须发生的费用。

第九条 国际旅费、国外城市间交通费、住宿费、伙食费、公杂费、其他费用的管理要求和开支标准参照《因公临时出国经费管理办法》（财行〔2013〕516号）执行。

培训费开支在规定的标准之内据实报销。

出国培训团组需在国内开展预培训和培训总结所发生的费用，参照国内培训费相关规定执行。

第十条 组团单位和培训项目境外承办机构双方应当签订培训协议，明确培训费用的明细支出项目。

国家外国专家局对培训项目境外承办机构定期进行资格认定和监督检查，认定结果予以公开。

第十一条 中央财政安排出国培训专项经费，对专业技术人才、高技能人才、农村实用及社会工作人才类培训予以重点资助。

第十二条 由外方资助出国培训经费的，各单位不得重复支付。外方对费用开支有明确规定的，按其规定执行；没有规定的，参照规定的标准和要求执行。外方资助经费不足以弥补规定培训费用开支的，可以按照规定的开支标准，由各单位补足其费用差额部分。

第十三条 培训人员回国报销费用时,应当凭出国任务批件和出国培训审核件,填报《因公短期出国培训费用报销单》,并附各项经费开支有效票据。

各单位财务部门应当对因公短期出国培训团组提供的出国任务批件、护照(包括签证和出入境记录)复印件及有效费用明细票据进行认真审核,严格按照批准的出国培训团组人员、天数、路线、经费预算及开支标准核销经费,超出部分不得核销。

第十四条 各单位不得组织计划外或营利性出国培训项目,也不得安排照顾性质、无实质内容、无实际需要及参观考察等一般性出国培训项目。

第十五条 培训团组在国外期间,原则上不赠送礼品,一律不安排宴请。

培训团组严禁接受或变相接受企事业单位资助,严禁向同级机关、下级机关、所属单位、我驻外机构等摊派或转嫁出国培训费用。

第十六条 建立出国培训项目信息公开制度和成果共享机制。除涉密内容和事项外,各单位应当将培训的项目、内容、人数、经费等情况,以适当方式进行公开。

第十七条 各级出国培训管理、外事、财政、审计等部门对因公短期出国培训项目执行情况和培训费用管理使用情况进行定期或不定期检查。

各单位应当建立健全因公短期出国培训项目内部监督检查机制,每半年向同级出国培训管理、外事、财政部门报送本单位因公短期出国培训项目执行和费用使用情况。

第十八条 各单位以及培训人员违反本办法规定,有下列行为之一的,相关开支一律不予报销,并按照《财政违法行为处罚处分条例》和《党政机关厉行节约反对浪费条例》等有关规定予以处理：

（一）无预算或未经财务部门同意安排出国培训项目的；

（二）违规扩大出国培训费用开支范围的；

（三）擅自提高出国培训费用开支标准的；

（四）虚报培训团组人数、天数等，套取出国培训费用的；

（五）使用虚假票据报销出国培训费用的；

（六）培训期间存在铺张浪费、公款旅游行为的；

（七）其他违反本办法的行为。

第十九条 各单位因公短期赴香港、澳门、台湾地区培训的，适用本办法。

第二十条 确有必要到未列培训费开支标准的国家（地区）开展因公培训的，可按照经济社会发展水平相近的国家标准执行。

第二十一条 国有企业和其他机构因公短期出国培训参照本办法执行。

第二十二条 本办法由财政部、国家外国专家局负责解释。

第二十三条 本办法自2014年4月1日起施行。国家外国专家局、财政部《关于出国（境）实习培训团组集体开支的培训费标准和管理办法的暂行规定》（外专发〔1994〕162号）及国家外国专家局、财政部《关于调整短期出国（境）培训生活费开支标准和部分国家培训费币种的通知》（外专发〔2002〕95号）同时废止。

附1：因公短期出国培训任务和预算审批意见表

附2：因公短期出国培训费用报销单（参考表样）

附 1：

因公短期出国培训任务和预算审批意见表

项目名称									
项目单位			团长（级别）				团员人数		
培训国别（含经停）				培训时间（天数）					
出国培训任务审核意见									
审核单位				审核日期					
审核依据									
审核内容	培训目标或必要性：								
	培训时间和国别是否符合规定：								
	培训日程是否符合规定：								
	培训团组人数是否符合规定：								
	其他事项：								
审核意见									
预算财务审核意见									
审核单位				审核日期					
审核依据									
审核内容	资金来源及金额	1. 列入年度预算（人民币）： 元								
		合计	培训费	国际旅费	住宿费	伙食费	公杂费	国外城市间交通费	其他费用
		2. 外方资助（折合人民币）： 元；外方名称：								
		合计	培训费	国际旅费	住宿费	伙食费	公杂费	国外城市间交通费	其他费用
	需说明事项								
审核意见									

附 2：

因公短期出国培训费用报销单（参考表样）

报销单位： 报销日期：

	项目名称				
	团长姓名		培训国别（含经停）		
	应派出人数		实际成行人数		
	出国日期	年 月 日至 年 月 日共 天			
序号	开支内容	币别	金 额	单据张数	备 注
1	培 训 费				附原始单据
2	住 宿 费				附原始单据
3	伙 食 费				
4	公 杂 费				
5	城市间交通费				附原始单据
6	国 际 旅 费				附原始单据
7	其 他 费 用				附原始单据
	合 计	大写		小写	

团长： 经手人：

国家外国专家局 财政部关于调整中长期出国（境）培训人员费用开支标准的通知

(2012年7月30日 外专发〔2012〕126号)

各省、自治区、直辖市及副省级城市外国专家局（引智办）、财政厅（局），新疆生产建设兵团外国专家局、财政局，国务院各部委、各直属机构引智归口管理部门：

根据突出重点、优化结构、提高质量的要求，为进一步加强高层次人才出国（境）培训力度，保证中长期出国（境）培训工作健康稳定发展，考虑到近年来国外物价水平的上涨、医疗保险费用的增加以及其他一些相关费用的提高，经研究，决定对中长期出国（境）培训人员的费用开支标准进行调整。现将有关事项通知如下：

一、中长期出国（境）培训是指90天以上（含90天）的出国（境）培训。调整后的中长期出国（境）培训人员费用开支项目包括：伙食费、住宿费、交通费、通讯费、书籍资料费、医疗保险费和零用费等。

二、中长期出国（境）培训人员费用开支标准分为"高级职称"人员开支标准和"普通职称"人员开支标准两类。"高级职称"指高级工程师（或相当高级工程师的其他职称）及以上职称、正县

（处）级及以上行政职务。"普通职称"指工程师（或相当工程师的其他职称）及以下职称、副县（处）级及以下行政职务。

三、各派出单位要从严掌握党政干部中长期出国（境）培训规模，认真选拔培训人员，加强出国前外语和专业培训，严格考核，确保培训质量。

四、各地区、各部门要认真执行本通知精神，执行情况和效果及时向国家外国专家局报告。

五、调整后的中长期出国（境）培训人员费用开支标准（见附件）自本通知发布之日执行。

附件：中长期出国（境）培训人员费用开支标准表

国家外国专家局　财政部
2012年7月30日

附件：

中长期出国（境）培训人员费用开支标准表

序号	国家（地区）	币种	标准（每人每月）	
			高级职称	普通职称
一	美洲、大洋洲			
1	美国（一类地区）	美元	2000	1800
	美国（二类地区）	美元	2000	1700
	美国（三类地区）	美元	2000	1400
2	加拿大	加元	2600	1700
3	澳大利亚	澳元	2100	1800
4	新西兰	新西兰元	2200	2000
5	其他国家（地区）	美元	1100	600
二	欧洲			
6	俄罗斯	美元	1400	1100
7	白俄罗斯	美元	1150	800
8	乌克兰	美元	1150	800
9	其他独联体国家	美元	1100	700
10	德国	欧元	1800	1300
11	法国	欧元	1800	1300
12	芬兰	欧元	1800	1300
13	荷兰	欧元	1800	1300
14	爱尔兰	欧元	1800	1300
15	奥地利	欧元	1800	1300
16	比利时	欧元	1800	1300
17	卢森堡	欧元	1800	1300
18	葡萄牙	欧元	1800	1100

续表

序号	国家（地区）	币种	标准（每人每月）	
			高级职称	普通职称
19	西班牙	欧元	1800	1100
20	希腊	欧元	1800	1100
21	意大利	欧元	1800	1100
22	冰岛	欧元	1800	1100
23	塞浦路斯	欧元	1800	1100
24	马耳他	欧元	1800	1100
25	斯洛文利亚	美元	1100	800
26	保加利亚	美元	1100	800
27	匈牙利	美元	1100	800
28	波兰	美元	1400	950
29	英国（伦敦地区）	英镑	1400	1150
	英国（其他地区）	英镑	1400	1000
30	丹麦	丹麦克朗	12000	9500
31	挪威	挪威克朗	13000	11000
32	瑞典	瑞典克朗	15000	13000
33	瑞士	瑞士法郎	2500	2000
34	其他国家（地区）	美元	1100	700
三	亚洲、非洲			
35	日本	日元	200000	160000
36	韩国	美元	2000	1400
37	新加坡	新元	2200	2100
38	印度	美元	1100	600
39	以色列	美元	1200	1000
40	南非	美元	1100	760
41	其他国家（地区）	美元	1100	600
42	中国香港	港币	14000	12000

财政部 外交部关于调整因公临时出国住宿费标准等有关事项的通知

(2017年11月13日 财行〔2017〕434号)

党中央有关部门，国务院各部委、各直属机构，中央军委后勤保障部、武警总部，全国人大常委会办公厅，全国政协办公厅，高法院，高检院，各民主党派中央，有关人民团体，各省、自治区、直辖市、计划单列市财政厅（局）、人民政府外事办公室，新疆生产建设兵团财务局、外事局：

为贯彻落实《党政机关厉行节约反对浪费条例》，进一步规范和加强因公临时出国经费管理，更好地保障对外工作开展，根据《因公临时出国经费管理办法》（财行〔2013〕516号）关于适时调整经费开支标准的规定，自2018年1月1日起，适当调整部分因公临时出国住宿费标准，进一步明确有关执行问题。现就有关事项通知如下：

一、调整伊朗等国家（地区）61个城市住宿费标准，具体标准见附件。

二、出国人员在境外往返机场的交通费用，可参照城市间交通费有关规定执行。

三、外方以现金或实物形式，为我出访团组仅提供交通接待的，出国人员可按标准的40%领取公杂费。

四、省部级人员按规定安排普通套房的,住宿费及按固定比例收取的服务费据实报销;服务费无固定比例的,按不超过住宿费的5%报销。工作涉密、任务紧急且飞行时间超过6个小时(含中转航班)的,经事先报本单位外事和财务部门批准,省部级人员随行一人可乘坐同等级交通工具。

五、中央管理的正司局级干部因工作需要,原则上可参照省部级人员的经费开支标准执行。

六、各地区各部门各单位应进一步加强因公临时出国经费管理,坚持强化预算约束、优化经费结构、厉行勤俭节约、讲求务实高效。应严格执行各项制度规定,严禁将住宿费等不宜包干使用的经费发给个人包干使用,切实提高预算绩效。对违反因公临时出国经费管理规定的行为,有关部门应依法依规追究相关单位和人员的责任。

附件:因公临时出国住宿费标准调整表

财政部　外交部

2017年11月13日

因公临时出国住宿费标准调整表

序号	国家（地区）	城市	币种	住宿费标准（每人每天）	备注
一	亚洲				
1	朝鲜		美元	120	
2	日本	新潟	日元	11000	新增标准
3	巴基斯坦	伊斯兰堡	美元	270	
4		其他城市	美元	170	含拉合尔、卡拉奇、奎达
5	斯里兰卡		美元	140	
6	马尔代夫		美元	200	
7	伊拉克	巴格达	美元	320	新增标准
8		其他城市	美元	290	
9	阿曼		美元	200	
10	伊朗		美元	180	
11	巴林		美元	190	
12	以色列		美元	380	
13	老挝		美元	130	
14	菲律宾	宿务	美元	180	新增标准
15	阿富汗		美元	200	
16	黎巴嫩		美元	400	
17	约旦		美元	160	
18	叙利亚		美元	350	
19	香港		港元	1900	

续表

序号	国家（地区）	城市	币种	住宿费标准（每人每天）	备注
二	非洲				
20	几内亚比绍		美元	170	
21	布隆迪		美元	220	
22	索马里		美元	200	
23	马里		美元	280	
24	中非		美元	280	
25	加纳		美元	250	
26	利比里亚		美元	220	
27	南苏丹		美元	200	
三	欧洲				
28	罗马尼亚	康斯坦察	美元	120	
29	斯洛文尼亚		欧元	140	
30	克罗地亚		美元	180	
31	拉脱维亚		欧元	120	
32	爱沙尼亚		欧元	120	
33	乌克兰	基辅	美元	130	
34	哈萨克斯坦	阿斯塔纳	美元	200	
35	波兰	华沙	美元	190	
36	德国	慕尼黑	欧元	170	
37	希腊		欧元	150	
38		巴黎	欧元	180	
39	法国	马赛、斯特拉斯堡、尼斯、里昂	欧元	160	
40		其他城市	欧元	150	
41	爱尔兰		欧元	160	
42	斯洛伐克		美元	120	

续表

序号	国家（地区）	城市	币种	住宿费标准（每人每天）	备注
43	瑞士		美元	230	
44	冰岛		美元	260	
45	马耳他		欧元	160	
46	英国	伦敦	英镑	200	
四	美洲				
47	美国	华盛顿、芝加哥	美元	260	
48	美国	纽约	美元	270	
49	美国	洛杉矶	美元	250	
50	美国	其他城市	美元	200	
51	墨西哥	坎昆	美元	160	新增标准
52	厄瓜多尔		美元	150	
53	阿根廷		美元	190	
54	智利	安托法加斯塔、阿里卡	美元	140	
55	古巴		美元	200	
56	格林纳达		美元	280	
57	安提瓜和巴布达		美元	220	
58	苏里南		美元	140	
59	多米尼克		美元	200	
五	大洋洲及太平洋岛屿				
60	澳大利亚	堪培拉	美元	210	
61	瓦努阿图		美元	220	

国家外国专家局《关于加强中长期因公出国(境)培训管理工作的意见》

(2015年12月21日　外专发〔2015〕212号)

为贯彻落实中央关于因公出国(境)培训工作的新要求,进一步规范管理,严肃培训纪律,提升服务水平,切实提高中长期出国(境)培训(90天及以上)的质量和效益,现就加强中长期因公出国(境)培训管理工作提出如下意见:

一、进一步加强对培训项目和参训人员的审核把关

根据国家经济社会发展战略需求,紧密围绕培养造就创新型科技人才、领军人才和复合型人才、重点领域急需紧缺专门人才等方面的迫切需要,以高层次人才和高技能人才为重点,切实加大对中长期培训项目支持力度。

坚持问题导向,进一步增强培训的针对性和实效性。组团单位、各地区各部门出国(境)培训归口管理部门、审批(审核)部门要对培训任务的必要性、报批材料的真实性、参训人员的相关性、行程安排的合理性严格审核把关。不得将出国(境)培训作为福利待遇,坚决杜绝照顾关系、搭车出国等现象,对与培训主题相关性不

足、超龄和外语水平等未达到规定要求的人员不得派出。

严格中长期培训人员选派标准。参训人员应具有良好的政治素质、业务能力，身体健康，有3年以上工作经历，有完成培训任务所需的外语语言能力（达到BFT高级或具有同等水平）。参训人员须为国家机关、国有企事业单位的正式工作人员，外籍及已取得国外永久居留权的人员、正在境外工作或学习的人员不得选派。

国家外国专家局将根据有关规定和标准，优先支持中长期培训项目。已获得境外全额资助或者国家及地方其他公费资助人员不能重复申请。

二、认真做好参训人员预培训工作

各地区各部门出国（境）培训归口管理部门应加强对预培训工作的指导。组团单位在派出前须对参训人员进行系统的预培训，有完整的预培训方案，明确出国（境）培训的任务目标，强化政治纪律、组织纪律、外事纪律、培训纪律、财务纪律、安全保密、应急处理等方面教育，明确出国（境）培训管理相关规定、纪律要求和出国（境）注意事项，进行业务知识和外语强化培训等。双跨团组须由组团单位对所有参训人员在派出前集中进行预培训。预培训时间由组团单位根据培训任务和参训人员的实际情况确定。

进行预培训后，组团单位应与团长及每名参训人员签订《中长期因公出国（境）培训任务责任书》（参考样本见附件），明确出国（境）培训任务、培训总体要求及责任、组团单位与其约定的其他责任和义务等。

三、加强团组及参训人员境外培训期间的管理

出国（境）培训团组实行团长负责制。两人及以上团组必须明确指定团长，团长负责整个团组在国（境）外期间的政治、培训、纪律和安全等各方面管理工作。

团组及参训人员应严格执行中央对外工作方针政策，严守外事纪律，提高安全防范和保密意识，建立完善突发事件应急机制。遵守所在国法律法规，尊重当地风俗习惯，杜绝不文明行为。不得使用公款大吃大喝，聚众酗酒和参加高消费娱乐活动，严禁出入赌博、色情等场所。

培训团组及参训人员在境外期间须主动接受所在国我驻外使领馆的领导和监督，接受中国国际人才交流协会驻外代表处的监管，发生重大或突发事件时应及时请示报告。组团单位应加强与团组及参训人员的联系沟通，及时跟踪掌握培训相关动态情况。

团组及参训人员应严格执行经批准的培训日程。参训人员应遵守学习纪律，严格执行考勤和请销假制度。参训人员原则上不得申请中途回国休假。

（一）团组需按照有关规定，通过在线系统按时填写《培训日志》，作为境外培训考勤记录。如团组在境外未按规定填写《培训日志》的，将视具体情况或将决定中止境外培训任务。在境外领取资助经费和办理财务核销时将对《培训日志》进行审核。国家外国专家局资助经费的团组，回国后由国家外国专家局出国培训管理司审核《培训日志》并签署意见后才能办理经费核销手续。

（二）境外培训期间原则上不许请假办理与培训任务无关事宜，不在培训所在国（地区）公休日之外时间休假。如有不可抗拒的特殊情况，可以按照以下程序申报办理：

1. 参训人员因事要在执行培训任务所在国（地区）处理而需暂停培训任务的，必须经团长同意并报回国内组团单位核准后，上报本次出国（境）培训任务归属管理的省、自治区、直辖市及副省级城市外国专家局或部门的出国（境）培训归口管理部门批准，并由批准部门报送国家外国专家局出国培训管理司备案。

2. 参训人员因事需要临时回国、中止培训任务提前回国或赴培训任务所在国（地区）之外的国家（地区）的，须由团长签署意见并经由国内组团单位上报本次出国（境）培训任务归属管理的省、自治区、直辖市及副省级城市外国专家局或部门的出国（境）培训归口管理部门审定后，报国家外国专家局出国培训管理司批准。

3. 如遇特别紧急情况来不及按以上1、2条规定办理报批手续的，可先行执行，但必须在5个工作日内按规定补齐各级报批手续。

（三）请假累计次数超过2次，或请假天数累计超过境外培训总时间十分之一的，将视具体情况或将决定中止境外培训任务。

（四）请假期内所发生费用均由请假人自付，国家资助的相关费用将按标准扣除；中止培训任务提前回国的，按相关规定返还多领取的资助费用。

完成培训任务回国后，须在1个月内向组团单位、所在地区或部门的出国（境）培训归口管理部门提交出国（境）培训总结报告和影音资料等（附电子版），由出国（境）培训归口管理部门向国家外国专家局出国培训管理司提交出国（境）培训总结报告。

国家外国专家局资助经费的中长期培训团组，由国家外国专家局出国培训管理司制发《国家外国专家局资助培训人员经费发放通知单》并提前通知中国国际人才交流协会驻外代表处（所在国没有驻外代表处的，将指定联系单位）。团组应在抵达后10个工作日内通过传真、电子邮件等方式向指定的中国国际人才交流协会驻外代表处报到，将银行账户信息等尽快通知代表处，应每3个月（提前一周）向代表处书面简要报告学习培训情况，由团长、境外培训机构负责人签字报代表处，由代表处审核后再行发放下一季度或余下的资助经费。如团组未按规定填写《培训日志》的，将视具体情况暂停发放资助经费或将决定中止境外培训任务。中止培训任务提前回国的，应及时通知代表处停拨经费。完成培训任务回国后，须在1个月内到国家外国专家局财务司核销相关经费，如逾期未核销，由组团单位负责催办，问题解决前将暂停组团单位其他团组派出。

四、进一步落实责任，加强监督管理

要按照"谁组团，谁负责"、"谁派出，谁负责"、"谁审批，谁负责"的原则，统筹考虑"选拔、派出、管理、回国"各环节，进一步明确责任，规范管理，抓好落实。

各地区各部门出国（境）培训归口管理部门应加强统筹规划、需求调研、业务指导、过程监管、优化服务，健全面向专业人才，特别是基层一线人员中长期出国（境）培训的管理和服务体系，切实提高培训的质量和效益。

组团单位作为直接责任主体，应指定专门部门和人员负责出国（境）培训参训人员的管理和服务工作，制定相应的管理办法，完善适合单人、小团组专业技术人员及中长期出国（境）培训项目的预培训和外事教育制度，及时跟踪掌握参训人员在外学习培训的动态情况，做到派出前有要求，派出后有跟踪管理，回国后有考核，并督促参训人员及时提交培训总结报告及培训成果，及时核销资助经费。

对于在中长期因公出国（境）培训中发生的违规违纪问题，国家外国专家局将会同相关部门进行严肃处理，相关开支不予报销，参训人员须退回公费资助的全部或部分费用，并对组团单位、出国（境）培训归口管理部门或审批（审核）部门进行通报处理，根据情节轻重给予暂停或取消其当年部分或全部出国（境）培训项目的执行、暂停审批其下一年度出国（境）培训项目等处理，并将通报处理意见在国家外国专家局政府网站上公布。

附件：中长期因公出国（境）培训任务责任书（参考样本）

附件：

中长期因公出国（境）培训任务责任书
（参考样本）

为进一步明确出国（境）培训的目标任务，规范管理，严肃培训纪律，确保出国（境）培训取得实效，签订如下责任书：

一、出国（境）培训任务

1. 培训团组名称。
2. 团长姓名。
3. 团员姓名。
4. 任务目标。
5. 出国（境）期限。
6. 培训所赴国家。
7. 城市（列明经批准所赴全部城市）。
8. 境外培训机构。

二、培训总体要求及责任

1. 出国（境）培训团组实行团长负责制，团长负责整个团组在国（境）外期间的政治、培训、纪律和安全等各方面管理工作。

2. 团组及参训人员应严格执行经批准的培训日程。团组需按照有关规定，通过在线系统按时填写《培训日志》，作为境外培训考勤记录。参训人员应遵守学习纪律，严格执行考勤和请销假制度。

3. 严格执行中央对外工作方针政策，严守外事纪律，提高安全防范和保密意识，建立完善突发事件应急机制。遵守所在国法律法规，尊重当地风俗习惯，杜绝不文明行为。不得使用公款大吃大喝，聚众酗酒和参加高消费娱乐活动，严禁出入赌博、色情等场所。

4. 按有关规定购买境外保险，确保在境外期间受到意外伤害或生病时，能够得到及时救助和治疗，如因未购买保险导致的损失由其个人或者组团单位负担。

5. 完成培训任务回国后，须在1个月内向组团单位、本次出国（境）培训任务归属管理的出国（境）培训归口管理部门提交出国（境）培训总结报告和影音资料等（附电子版），由出国（境）培训归口管理部门向国家外国专家局出国培训管理司提交。国家外国专家局资助经费的团组，须在回国后1个月内到国家外国专家局财务司核销相关经费。

6. 培训期间团组及参训人员发生违规违纪问题，按照国家法律、法规和出国（境）培训管理的相关规定进行严肃处理，追究相关人员责任，相关开支不予报销，参训人员须退回公费资助的全部或部分费用。

三、组团单位约定的其他责任和义务

团长或参训人员：　　　　　组团单位负责人：

（签字）　　　　　　　　　（签字）

年　月　日　　　　　　　　年　月　日

第八部分　公务接待

中共中央办公厅 国务院办公厅印发
《党政机关国内公务接待管理规定》

(2013年12月1日 中办发〔2013〕22号)

各省、自治区、直辖市党委和人民政府，中央和国家机关各部委，解放军各总部、各大单位，各人民团体：

《党政机关国内公务接待管理规定》已经中央领导同志同意，现印发给你们，请遵照执行。

附件：党政机关国内公务接待管理规定

附件：

党政机关国内公务接待管理规定

第一条 为了规范党政机关国内公务接待管理，厉行勤俭节约，反对铺张浪费，加强党风廉政建设，根据《党政机关厉行节约反对浪费条例》规定，制定本规定。

第二条 本规定适用于各级党的机关、人大机关、行政机关、政协机关、审判机关、检察机关，以及工会、共青团、妇联等人民团体和参照公务员法管理事业单位的国内公务接待行为。

本规定所称国内公务，是指出席会议、考察调研、执行任务、学习交流、检查指导、请示汇报工作等公务活动。

第三条 国内公务接待应当坚持有利公务、务实节俭、严格标准、简化礼仪、高效透明、尊重少数民族风俗习惯的原则。

第四条 各级党政机关公务接待管理部门应当结合当地实际，完善国内公务接待管理制度，制定国内公务接待标准。

县级以上党政机关公务接待管理部门负责管理本级党政机关国内公务接待工作，指导下级党政机关国内公务接待工作。

乡镇党委、政府应当加强国内公务接待管理，严格执行有关管理规定和开支标准。

第五条 各级党政机关应当加强公务外出计划管理，科学安排和严格控制外出的时间、内容、路线、频率、人员数量，禁止异地部门间没有特别需要的一般性学习交流、考察调研，禁止重复性考察，禁止以各种名义和方式变相旅游，禁止违反规定到风景名胜区举办会议和活动。

公务外出确需接待的，派出单位应当向接待单位发出公函，告知内容、行程和人员。

第六条 接待单位应当严格控制国内公务接待范围，不得用公款报销或者支付应由个人负担的费用。

国家工作人员不得要求将休假、探亲、旅游等活动纳入国内公务接待范围。

第七条 接待单位应当根据规定的接待范围，严格接待审批控制，对能够合并的公务接待统筹安排。无公函的公务活动和来访人员一律不予接待。

公务活动结束后，接待单位应当如实填写接待清单，并由相关负责人审签。接待清单包括接待对象的单位、姓名、职务和公务活动项目、时间、场所、费用等内容。

第八条 国内公务接待不得在机场、车站、码头和辖区边界组织迎送活动，不得跨地区迎送，不得张贴悬挂标语横幅，不得安排群众迎送，不得铺设迎宾地毯；地区、部门主要负责人不得参加迎送。严格控制陪同人数，不得层层多人陪同。

接待单位安排的活动场所、活动项目和活动方式，应当有利于公务活动开展。安排外出考察调研的，应当深入基层、深入群众，不得走过场、搞形式主义。

第九条 接待住宿应当严格执行差旅、会议管理的有关规定，在定点饭店或者机关内部接待场所安排，执行协议价格。出差人员住宿费应当回本单位凭据报销，与会人员住宿费按会议费管理有关规定执行。

住宿用房以标准间为主，接待省部级干部可以安排普通套间。接待单位不得超标准安排接待住房，不得额外配发洗漱用品。

第十条 接待对象应当按照规定标准自行用餐。确因工作需要，接待单位可以安排工作餐一次，并严格控制陪餐人数。接待对象在10人以内的，陪餐人数不得超过3人；超过10人的，不得超过接待对象人数的三分之一。

工作餐应当供应家常菜，不得提供鱼翅、燕窝等高档菜肴和用野生保护动物制作的菜肴，不得提供香烟和高档酒水，不得使用私人会所、高消费餐饮场所。

第十一条 国内公务接待的出行活动应当安排集中乘车，合理使用车型，严格控制随行车辆。

接待单位应当严格按照有关规定使用警车，不得违反规定实行交通管控。确因安全需要安排警卫的，应当按照规定的警卫界限、警卫规格执行，合理安排警力，尽可能缩小警戒范围，不得清场闭馆。

第十二条　各级党政机关应当加强对国内公务接待经费的预算管理，合理限定接待费预算总额。公务接待费用应当全部纳入预算管理，单独列示。

禁止在接待费中列支应当由接待对象承担的差旅、会议、培训等费用，禁止以举办会议、培训为名列支、转移、隐匿接待费开支；禁止向下级单位及其他单位、企业、个人转嫁接待费用，禁止在非税收入中坐支接待费用；禁止借公务接待名义列支其他支出。

第十三条　县级以上地方党委、政府应当根据当地经济发展水平、市场价格等实际情况，按照当地会议用餐标准制定本级国内公务接待工作餐开支标准，并定期进行调整。接待住宿应当按照差旅费管理有关规定，执行接待对象在当地的差旅住宿费标准。接待开支标准应当报上一级党政机关公务接待管理部门、财政部门备案。

第十四条　接待费报销凭证应当包括财务票据、派出单位公函和接待清单。

接待费资金支付应当严格按照国库集中支付制度和公务卡管理有关规定执行。具备条件的地方应当采用银行转账或者公务卡方式结算，不得以现金方式支付。

第十五条　机关内部接待场所应当建立健全服务经营机制，推行企业化管理，推进劳动、用工和分配制度与市场接轨，建立市场化的接待费结算机制，降低服务经营成本，提高资产使用效率，逐步实现自负盈亏、自我发展。

各级党政机关不得以任何名义新建、改建、扩建内部接待场所，不得对机关内部接待场所进行超标准装修或者装饰、超标准配置家具和电器。推进机关内部接待场所集中统一管理和利用，建立资源共享机制。

第十六条　接待单位不得超标准接待，不得组织旅游和与公务活动无关的参观，不得组织到营业性娱乐、健身场所活动，不得安排专场文艺演出，不得以任何名义赠送礼金、有价证券、纪念品和土特产品等。

第十七条　县级以上党政机关公务接待管理部门应当会同有关部门加强对本级党政机关各部门和下级党政机关国内公务接待工作的监督检查。监督检查的主要内容包括：

（一）国内公务接待规章制度制定情况；

（二）国内公务接待标准执行情况；

（三）国内公务接待经费管理使用情况；

（四）国内公务接待信息公开情况；

（五）机关内部接待场所管理使用情况。

党政机关各部门应当定期汇总本部门国内公务接待情况，报同级党政机关公务接待管理部门、财政部门、纪检监察机关备案。

第十八条　财政部门应当对党政机关国内公务接待经费开支和使用情况进行监督检查。审计部门应当对党政机关国内公务接待经费进行审计，并加强对机关内部接待场所的审计监督。

第十九条　县级以上党政机关公务接待管理部门应当会同财政部门按年度组织公开本级国内公务接待制度规定、标准、经费支出、接待场所、接待项目等有关情况，接受社会监督。

第二十条　各级党政机关应当将国内公务接待工作纳入问责范

围。纪检监察机关应当加强对国内公务接待违规违纪行为的查处，严肃追究接待单位相关负责人、直接责任人的党纪责任、行政责任并进行通报，涉嫌犯罪的移送司法机关依法追究刑事责任。

第二十一条　积极推进国内公务接待服务社会化改革，有效利用社会资源为国内公务接待提供住宿、用餐、用车等服务。推行接待用车定点服务制度。

第二十二条　地方各级党委、政府应当依照本规定制定本地区国内公务接待管理办法。

第二十三条　地方各级政府因招商引资等工作需要，接待除国家工作人员以外的其他因公来访人员，应当参照本规定实行单独管理，明确标准，控制经费总额，注重实际效益，加强审批管理，强化审计监督，杜绝奢侈浪费。严禁扩大接待范围、增加接待项目，严禁以招商引资为名变相安排公务接待。

第二十四条　国有企业、国有金融企业和不参照公务员法管理的事业单位参照本规定执行。

第二十五条　本规定由国家机关事务管理局会同有关部门负责解释。

第二十六条　本规定自发布之日起施行。2006年10月20日中共中央办公厅、国务院办公厅印发的《党政机关国内公务接待管理规定》同时废止。

财政部关于印发《中央和国家机关外宾接待经费管理办法》的通知

(2013年12月31日 财行〔2013〕533号)

党中央各部门，国务院各部委、各直属机构，总后勤部，武警总部，全国人大常委会办公厅，全国政协办公厅，高法院，高检院，各人民团体，各民主党派办公厅，全国工商联：

为贯彻落实中央关于改进工作作风，密切联系群众八项规定和中央领导对有关厉行节约、反对浪费等方面的重要批示，进一步做好接待外宾工作，规范外宾接待管理，我们对《关于接待外宾费用开支标准和管理办法的规定》（财外字〔1997〕559号）进行了修订。现将修订后的《中央和国家机关外宾接待经费管理办法》（以下简称《办法》）印发给你们，请遵照执行。

请各省、自治区、直辖市、计划单列市财政厅（局）依据《办法》，结合各地区实际，制定相应的外宾接待经费管理办法和开支标准，并于2014年2月15日前报送财政部、外交部备案。

附件：中央和国家机关外宾接待经费管理办法

财政部
2013年12月31日

附件：

中央和国家机关外宾接待经费管理办法

第一章 总 则

第一条 为了进一步规范外宾接待工作，加强外宾接待经费管理，强化预算监督，根据《中华人民共和国预算法》、《党政机关厉行节约反对浪费条例》等有关法律法规，制定本办法。

第二条 中央和国家机关以及参照公务员法管理的事业单位（以下简称中央单位）接待国外、境外来宾适用本办法。

本办法所称的中央和国家机关，是指党中央各部门，国务院各部委、各直属机构，全国人大常委会办公厅，全国政协办公厅，最高人民法院，最高人民检察院，各人民团体、各民主党派中央和全国工商联。

第三条 中央单位外宾接待工作应当坚持服务外交、友好对等、务实节俭的原则。

第四条 中央单位邀请外宾来访应当按照有关外事管理规定，严格执行计划审批规定。未经批准或授权，不得对外发出正式邀请或作出承诺。接待计划应当明确外宾团组中由我方招待的人数、天数、费用开支范围以及资金来源、列支渠道、预算等。计划编制必须严格控制在年度外宾接待费预算内，不得突破。

第二章 预算管理

第五条 外宾接待费应纳入部门预算。中央单位应当加强外宾接待费预算管理，控制预算规模，在核定的年度外宾接待费预算内安排外宾接待活动，不得超预算或无预算安排外宾接待。

第六条 对应邀来华的外宾，中央单位应当根据互惠对等原则或外事交流协议等，区分为全部招待、部分招待和外宾自理。

无互惠对等原则及外事交流协议的，招待天数不得超过 5 天（含抵、离境当天），招待人数可由中央单位按内部规定执行，超出规定天数和人数的，一律由外宾自理。

第七条 中央单位应当从严从紧控制外宾接待经费，严格执行接待费开支标准，不得擅自突破，不得向同级机关、下级机关、下属单位和企业等摊派、转嫁费用。

第八条 外宾接待费的报销支付应严格按照国库集中支付和公务卡管理的有关制度执行，采用银行转账或公务卡方式结算，不得以现金方式支付。

第三章　开支范围及标准

第九条 外宾接待经费开支范围主要包括：住宿费、日常伙食费、宴请费、交通费、赠礼等。

外宾接待经费原则上不得列支外宾来华国际旅费。

第十条 住宿费按以下办法执行：

（一）外宾住宿应当注重安全舒适，不追求奢华。副部长级及以上人员率领的外宾代表团，可安排在五星级、四星级宾馆；司局级及以下人员率领的代表团以及其他一般外宾代表团，安排的宾馆最高不超过四星级。

（二）外宾住房标准：副部长级及以上人员可安排套间，其他人员安排标准间。

（三）中央单位可结合实际情况与符合条件的宾馆签订长期合作协议，争取优惠价格。

第十一条 日常伙食费按以下办法执行：

（一）外宾日常伙食招待应当注意节俭，严格根据伙食费标准选择菜品，提倡采用自助餐等形式。

（二）外宾日常伙食费（含酒水、饮料）标准：国家元首、政府首脑级每人每天 600 元；副总统、副总理和正、副议长级每人每天 550 元；正、副部长级每人每天 500 元；其他人员每人每天 300 元。

第十二条 宴请费按以下办法执行：

（一）宴请外宾严禁讲排场，原则上安排在宴请举办单位内部的宾馆和招待所，不上高档菜肴和酒水，杜绝奢侈浪费。除宴会外，提倡采用冷餐会、酒会、茶会等多种宴请形式。

（二）外宾宴请费（含酒水、饮料）标准：正、副部长级人员出面举办的宴会，每人每次 400 元；司局级及以下人员出面举办的宴会，每人每次 300 元。冷餐、酒会、茶会分别为每人每次 150 元、100 元、60 元。

（三）外宾在华期间，宴请不得超过 2 次，包含赴地方访问时，由地方接待单位或有关单位联合安排的 1 次宴请。

第十三条 交通费按以下办法执行：

（一）外宾用车应当根据实际情况安排，除少数重要外宾乘坐小轿车外，其他外宾可视人数多少安排小轿车、中巴士或大巴士。在符合礼宾要求的前提下，外宾出行应当集中乘车，减少随行车辆。

（二）接待外宾确需租用车辆的，中央单位应当与资质合格、运营规范的汽车租赁公司签订租赁合同。

（三）外宾赴地方访问时，应当按级别乘坐相应等级标准交通工具，副部长级及以上外宾可提供飞机头等舱、轮船一等舱和火车软席（含高铁/动车商务座、全列软席列车一等座、火车高级软卧），其他人员可提供飞机经济舱、轮船二等舱和火车软席（含高铁/动车一等座、全列软席列车一等座、火车软卧）。

确因工作需要并经接待单位领导批准，外方主宾的重要随行人员可随主宾乘坐相应舱位，原则上按随行不超过主人来安排。

外宾途中伙食费按日常伙食费标准执行。

第十四条 对外赠礼按以下办法执行：

（一）对外赠礼应当节约从简，实物礼品应当尽量选择具有中国特色的纪念品、传统手工艺品和实用物品，朴素大方，不求奢华。

（二）赠礼对象仅为外方团长夫妇，必要时可包括主要陪同人员，原则上由接待单位赠礼1次，其他单位不得重复赠礼。如外方赠礼，可按对等原则回礼。

（三）对外赠礼以赠礼方或受礼方级别较高一方的级别确定赠礼标准。赠礼方或受礼方为正、副部长级人员的，每人次礼品不得超过400元；赠礼方或受礼方为司局级人员的，每人次礼品不得超过200元；其他人员，可以视情况赠送小纪念品。

（四）对访问我国的著名友好人士、社会名流、专家学者，确有必要赠礼的，按照正、副部长级人员标准执行。

第十五条 外宾在华期间的医药、邮电通讯、洗衣、理发等费用，除国家元首、政府首脑外，均由外宾自理。

第四章　陪同人员及经费管理

第十六条　我方陪同人员人数，应当根据礼宾要求，从严掌握。

第十七条　接待国家元首、政府首脑级外宾的重大外交外事活动，我方参加宴请人数应当根据礼宾要求安排。其他宴请，外宾 5 人（含）以内的，中外人数原则上在 1:1 以内安排；外宾超过 5 人的，超过部分中外人数原则上在 1:2 以内安排。

第十八条　陪同外宾赴地方访问期间，陪同人员的伙食费、住宿费、交通费等开支标准按照中央和国家机关国内差旅费管理的有关规定执行，并由所在单位分别负担。确需与外宾同餐、同住、同行的，经所在单位领导批准，可按对应的外宾接待标准实报实销。

第十九条　中央单位的接待工作人员在接待活动期间，确因工作需要不能按时用餐的，经接待单位领导批准，可以领取误餐补助，标准为每人每次 50 元。

第五章　支出责任

第二十条　外宾接待原则上由邀请单位负担经费。中央单位邀请的外宾团组经费支出由中央单位负担；地方单位邀请的外宾团组经费支出由地方负担。

第二十一条　由中央单位邀请的外宾团组，确需到地方访问的，接待单位应当事先在接待方案中明确划分中央与地方分别承担的接待费用。

第六章　监督检查

第二十二条　除涉密内容和事项外，外宾接待经费的预决算应当按照预决算信息公开的有关规定，及时公开，接受社会监督。

第二十三条 外事、财政、审计等部门应当加强对外宾接待管理和经费使用情况的监督检查。各中央单位应如实提供包括接待计划、经费预算、开支报销凭证等在内的相关资料，主动配合接受检查，并认真落实检查意见。

第二十四条 违反本办法规定，有下列行为之一的，按照《财政违法行为处 罚处分条例》、《党政机关厉行节约反对浪费条例》等有关规定，责令整改，追回资金，并追究有关人员责任：

（一）擅自提高接待开支标准的；

（二）计划未经批准接待外宾的；

（三）违规扩大外宾接待开支范围，或报销与接待无关的费用的；

（四）虚报外宾接待级别、人数、天数，套取接待经费的；

（五）使用虚假发票报销接待费用的；

（六）其他违反本办法的行为。

第七章　附　　则

第二十五条 各省、自治区、直辖市财政部门应当根据本办法制定本地区外宾接待经费管理办法和开支标准，报财政部、外交部备案。

第二十六条 中央单位邀请的外宾团组赴地方访问时，执行当地的外宾接待经费开支标准。

第二十七条 中国人民解放军、中国人民武装警察部队和中央级事业单位的外宾接待经费管理参照本办法执行。

第二十八条 在华举办国际会议涉及的外宾接待费用管理按照

在华举办国际会议的有关规定执行。

第二十九条 本办法由财政部负责解释。

第三十条 本办法自 2014 年 1 月 31 日起施行。1997 年 12 月 19 日发布的《关于接待外宾费用开支标准和管理办法的规定》（财外字〔1997〕559 号）同时废止。

第九部分 公务卡

财政部 中国人民银行关于印发
《中央预算单位公务卡管理暂行办法》的通知

(2007年7月12日 财办库〔2007〕63号)

党中央有关部门，国务院各部委、各直属机构，武警总部，全国人大常委会办公厅，全国政协办公厅，高法院，高检院，有关人民团体，新疆生产建设兵团财务局，国库集中支付各代理银行：

  为进一步深化国库集中支付制度改革，方便预算单位用款，减少现金结算，提高支付透明度，加强预算执行监控管理，根据《财政国库管理制度改革试点方案》（财库〔2001〕24号）和《银行卡业务管理办法》（银发〔1999〕17号）、《支付结算办法》（银发〔1997〕393号）等有关规定，财政部、中国人民银行制定了《中央预算单位公务卡管理暂行办法》，现予印发，请遵照执行。执行中有何问题，请及时向财政部、中国人民银行反映。

  各中央预算部门实施公务卡试点的时间等事项，财政部将另行通知。

  附件：中央预算单位公务卡管理暂行办法

附件：

中央预算单位公务卡管理暂行办法

第一章 总 则

第一条 为进一步深化国库集中支付制度改革，规范中央预算单位财政授权支付业务，减少现金支付结算，提高支付透明度，加强财政监督，方便预算单位用款，根据《财政国库管理制度改革试点方案》（财库〔2001〕24号）和《银行卡业务管理办法》（银发〔1999〕17号）、《支付结算办法》（银发〔1997〕393号）等相关规定，制定本办法。

第二条 本办法所称公务卡，是指中央预算单位工作人员持有的，主要用于日常公务支出和财务报销业务的信用卡。

第三条 中央预算单位财政授权支付业务中原使用现金结算的公用经费支出，包括差旅费、会议费、招待费和5万元（以人民币为单位，下同）以下的零星购买支出等，一般应当使用公务卡结算。中央预算单位应根据银行卡受理环境等情况，积极扩大公务卡使用范围，尽量减少现金支出。

第四条 公务卡的发卡银行（以下简称发卡行）是指办理国库集中支付业务的代理银行，预算单位在确定的代理银行范围内，自行选择本单位公务卡发卡行。

第五条 与公务卡管理有关的信息维护、财务报销、银行划款和动态监控等业务，通过专门的公务卡支持系统辅助办理。

第六条 持有公务卡的工作人员（以下统称持卡人）应当妥善保管公务卡，规范使用公务卡办理公务支出的支付结算业务，并及时向所在单位财务部门申请办理报销手续。

第七条 预算单位财务部门应当依托公务卡支持系统，认真审核公务卡报销事项。对于批准报销的公务卡消费支出，应当按规定时间，通过零余额账户办理向公务卡的资金还款手续。

第二章 公务卡日常管理

第八条 公务卡由中央预算单位统一组织本单位工作人员向发卡行申办。公务卡申办成功后，经预算单位确认核实，由发卡行将持卡人姓名和卡号等信息统一录入公务卡支持系统管理。

第九条 预算单位在工作人员新增或调动、退休时，应及时组织办理公务卡的申领或停止使用等手续，并通知发卡行及时维护公务卡支持系统。现有工作人员涉及公务卡的相关信息变动时，应及时通知发卡行维护公务卡支持系统。

第十条 公务卡应当使用银联标准信用卡。试点阶段，公务卡原则上仅用于办理人民币支出结算业务。

第十一条 公务卡主要用于公务支出的支付结算。公务支出发生后，由持卡人及时向所在单位财务部门申请办理报销手续。公务卡也可用于个人支付结算业务，但不得办理财务报销手续，单位不承担私人消费行为引致的一切责任。

第十二条 公务卡的信用额度，由预算单位根据银行卡管理规定和业务需要，与发卡行协商设定。原则上每张公务卡的信用额度不超过5万元、不少于2万元。持卡人在规定的信用额度和免息还款期内先支付，后还款。

第十三条 发卡行可根据持卡人资信情况对其公务卡信用额度进行调整,并及时通知持卡人和持卡人所在单位财务部门。其中,调增信用额度的,须事前商持卡人所在单位财务部门同意。

第十四条 公务卡的卡片和密码均由个人负责保管。公务卡遗失或损毁后的补办等事项由个人自行到发卡行申请办理,并通过单位财务部门及时通知发卡行维护公务卡支持系统。

第十五条 发卡行应按月向持卡人提供公务卡对账单,并按照与持卡人约定的方式,及时向持卡人提供公务卡账户资金变动情况和还款提示等重要信息。

第十六条 持卡人对公务消费交易发生疑义,可按发卡行的相关规定等提出交易查询。

第三章 公务卡支付管理

第十七条 对于差旅、会议、购买等公务支出,使用公务卡结算的,应在公务卡信用额度内,先通过公务卡结算,并须取得发票等财务报销凭证和有关银行卡消费凭证。持卡人所在单位财务部门对于公务支出有事前审批要求的,持卡人应事先按要求履行相关审批手续。

第十八条 原则上同一持卡人信用消费单笔不得超过2万元,月透支余额不得超过5万元。

第十九条 特殊情况下公务卡信用额度不能满足公务支付需要时,持卡人可通过单位财务部门提前向发卡行申请临时增加信用额度,增加的额度和使用期限等具体事项,按照发卡行有关规定执行。

第二十条 持卡人在执行公务中原则上不允许通过公务卡提取现金。确有特殊需要,应当事前经过单位财务部门批准,未经批准的提现业务，提现手续费等费用由持卡人承担。

第四章　公务卡财务报销管理

第二十一条　持卡人使用公务卡消费结算的各项公务支出，必须在发卡行规定的免息还款期内，到所在单位财务部门报销。因个人报销不及时造成的罚息、滞纳金等相关费用，由持卡人承担；因持卡人所在单位报销不及时造成的利息等费用，以及由此带来的对个人资信影响等责任，由单位承担。

第二十二条　持卡人办理公务卡消费支出报销业务时，应当按照所在单位财务部门要求填写报销审批单，并附有关财务报销凭证及公务卡消费凭证，按照单位规定的财务报销程序报请审批。

第二十三条　确因工作需要，持卡人不能在规定的免息还款期内返回单位办理报销手续的，可由持卡人或其所在单位相关人员向单位财务部门提供持卡人姓名、交易日期和每笔交易金额的明细信息，办理相关借款手续，经财务部门审核批准，于免息还款期之前，先将资金转入公务卡，持卡人返回单位后按财务部门规定时间补办报销手续。

第二十四条　单位财务人员登录公务卡支持系统，根据持卡人提供的姓名、交易日期和消费金额等信息，查询核对公务消费的真实性，审核确认后批准报销。

第二十五条　单位财务人员对批准报销的公务卡消费支出，按以下规定办理报销还款手续：

（一）通过公务卡支持系统，编制"还款明细表"，生成"还款汇总表"，并以电子文档形式将"还款汇总表"及"还款明细表"提交发卡行。

（二）签发财政授权支付指令（支票等支付凭证），附加盖单位财务公章的"还款汇总表"，通知发卡行向指定的公务卡还款。

（三）原则上应在公务卡免息还款期的前三个工作日内，统一办理报销资金的还款手续；对于确需提前还款的业务，预算单位可及时签发财政授权支付指令办理公务卡报销还款手续。

第二十六条 "还款明细表"应包含流水号、预算单位组织机构代码、零余额账户账号、持卡人姓名、公务卡号、交易日期、交易金额、报销金额、商户名称、预算管理类型、预算科目（功能分类和经济分类）、支出类型、用途、创建用户、创建时间、复核用户、复核时间、处理状态等要素。

第二十七条 "还款汇总表"在"还款明细表"基础上生成，应包含还款记录序号、持卡人姓名、公务卡号、报销金额、预算科目（功能分类）、支票号码、汇总还款金额等要素。

第二十八条 "还款汇总表"电子信息与纸质信息必须确保一致。预算单位提交发卡行的"还款汇总表"必须从公务卡支持系统直接打印，不得使用另行编辑或下载修改的"还款汇总表"。

第二十九条 中央预算单位填写所有用于公务卡还款的财政授权支付指令时，国库集中支付制度原规定必须填写的12位连续代码中的后四位代码（3位经济分类代码和1位支出类型代码），改为统一填写"3000"代码。"还款明细表"中经济分类代码和支出类型代码，填写规定不变。财政授权支付指令收款人统一填写持卡人所在单位名称。

第三十条 代理银行根据预算单位签发的支付指令和"还款汇总表"信息，于收到支付指令的当日，将资金支付到公务卡账户。

第三十一条 因特殊原因导致发卡行当日无法将资金划转到公

务卡账户，发卡行应于第二个工作日上午与预算单位沟通核实并重新划款。3个工作日内仍无法完成划款的，须及时通知预算单位，由预算单位按照财政授权支付业务流程，签发《财政授权支付更正（退回）通知书》，向零余额账户办理资金退回手续。

第三十二条　因向供应商退货等原因导致已报销资金退回公务卡的，持卡人应及时将相应款项退回所在单位财务部门，并由单位财务部门及时退回零余额账户。持卡人退款的财务审核手续按所在单位内部财务制度规定执行。

第三十三条　预算单位办理公务卡报销和资金退回等业务的账务处理，按照《财政部关于印发〈财政国库管理制度改革试点会计核算暂行办法〉的通知》（财库〔2001〕54号）等规定执行。

第三十四条　发卡行应当按财政部要求，向财政部动态监控系统实时、全面、准确反馈零余额账户向公务卡还款的支付信息，以及该笔报销业务所对应的公务卡明细消费信息。

第三十五条　发卡行应以纸质或电子形式按月向预算单位提供公务卡报销信息对账单。对账单区分预算科目，按日期、姓名、卡号、报销金额、退回金额等内容编制。

第五章　管理职责

第三十六条　财政部在公务卡管理工作中的主要职责是：

（一）会同中国人民银行组织制定公务卡管理的有关制度规定，组织管理中央预算单位公务卡试点和实施工作。

（二）指导和督促发卡行按照双方签署的协议，做好公务卡实施的系统建设、信息传递和资金还款等工作。

（三）管理国库动态监控系统，对中央预算单位公务卡项下的公务消费支出和报销事项进行监控管理，对重大问题进行调研或组织核查。

（四）协调有关部门，解决公务卡实施中的有关政策衔接问题，并协同推动银行卡受理环境的改善和银行卡产业发展。

第三十七条 中国人民银行在公务卡管理中的主要职责是：

（一）配合财政部组织制定公务卡管理的有关制度规定，共同推进公务卡实施工作。

（二）加强对发卡行在公务卡应用推广方面的指导和管理，引导推动发卡行不断加强公务卡应用方面的软、硬件设施建设。

（三）加强与有关方面的协调配合，落实与公务卡有关的配套措施建设，推动有关方面共同创造良好的公务卡用卡环境。

第三十八条 预算单位在公务卡管理工作中的主要职责是：

（一）选择本单位公务卡发卡行，签订公务卡服务协议。

（二）组织本单位工作人员统一办理公务卡，做好新增、调动、退休等人员的公务卡管理工作。

（三）督促本单位持卡人及时办理公务卡项下公务消费支出的财务报销手续。协助发卡行向本单位有逾期欠款的持卡人催收欠款。

（四）通过公务卡支持系统，审核本单位持卡人提请报销的公务卡消费信息，及时办理公务卡报销还款和资金退回等业务，及时下载保存报销还款信息，做好相关账务处理工作，并按月与发卡行就公务卡报销还款情况进行对账。

（五）配合财政部做好公务卡监督管理等有关工作。

第三十九条 发卡行在公务卡管理工作中的主要职责是：

（一）加强与公务卡管理有关的内部制度规范和信息系统建设，积极扩大银行卡机具布设范围，规范有关银行卡机具使用和银行卡消费信息的收集、存储、传送等方面的管理，提供良好的公务卡应用环境。

（二）按照与财政部所签订协议的要求定制公务卡，在试点初期开发维护或协助维护公务卡支持系统，及时、准确为财政部传送零余额账户资金支付及公务卡中的公务消费支出等动态监控信息，并确保信息传送的及时性、准确性和保密性。

（三）按照与预算单位签订的公务卡服务协议，为预算单位工作人员办理公务卡，维护公务卡支持系统，为公务卡报销、审核与支付还款业务提供及时、准确、规范、便捷的服务。

（四）按照本办法规定，与预算单位协商设定公务卡信用额度，为持卡人提供公务卡使用、挂失、注销等方面的便捷优质服务，并及时向持卡人反馈资金还款信息。

第四十条　中央预算单位工作人员除有涉密任务外，原则上均应在单位统一组织下申请办理公务卡。持卡人的主要职责是：

（一）按规定申请办理公务卡，妥善保管卡片和密码，并承担因个人保管不善等原因引起的公务卡有关费用。

（二）执行公务所需支出，原则上应使用公务卡结算和报销，并接受财政部门和所在单位财务部门对公务支出的监控管理。

（三）及时归还公务卡项下银行欠款。因离职、退休等原因离开所在单位，应按单位要求清理公务卡项下债权债务，停止公务卡的使用。

（四）遵守国家关于银行卡使用管理的法律法规和本办法有关规定，规范使用公务卡。

第四十一条　严禁预算单位将非本单位工作人员纳入公务卡管理范围、违规办理公务卡报销业务或查询、泄漏本单位公务卡持卡人的私人交易信息；严禁持卡人违规使用公务卡、恶意透支、拖欠还款或将非公务支出用于公务报销；严禁发卡行对外泄漏与公务卡支出有关的各种数据资料。违反规定的，追究单位负责人和直接责任人的行政责任，情节严重涉嫌犯罪的，移交司法机关，依法追究刑事责任。

第六章 附　　则

第四十二条　试点阶段，发卡行应为预算单位零余额账户的开户行。

第四十三条　试点阶段，对于特殊情况的，经单位财务部门审核同意，工作人员可向单位财务预借现金支付，并按现行财务规定办理报销手续。

第四十四条　中央预算单位财务部门应根据本办法规定，结合单位财务内部控制规范，制定本单位公务卡报销管理细则，加强财务管理，并认真做好对本单位持卡人的宣传培训等工作。

第四十五条　本办法未尽事宜，有相关规定的，按相关规定执行，没有相关规定的，由财政部会同中国人民银行负责解释。

第四十六条　本办法自印发之日起执行。

财政部 科技部关于中央财政科研项目使用公务卡结算有关事项的通知

(2015年12月31日 财库〔2015〕245号)

党中央有关部门，国务院各部委、各直属机构，武警部队，新疆生产建设兵团，高法院、高检院，有关人民团体，各省、自治区、直辖市、计划单列市财政厅（局）、科技厅（局）：

为进一步加强中央财政科研项目资金管理，规范科研活动支付业务，减少现金结算，提高支付透明度，强化资金安全，按照《中共中央 国务院关于深化科技体制改革加快国家创新体系建设的意见》、《国务院关于改进加强中央财政科研项目和资金管理的若干意见》（国发〔2014〕11号），以及公务卡管理制度规定，结合有关单位实际情况，现就科研院所、高等学校等事业单位承担中央财政科研项目使用公务卡结算有关事项通知如下：

一、充分认识科研项目推行公务卡结算的重要意义。当前，科研项目经费管理中存在的一个突出问题是缺乏对经费使用的过程监管。推行科研项目经费使用公务卡结算，不仅可以有效提高科研支出的透明度，加强科研项目经费管理，提高资金使用效益，而且可以方便项目承担单位用款，减少现金提取和使用，进一步提高财务管理水平。各地区、各部门应当充分认识科研项目经费推行公务卡结算的重要性和紧迫性，加强组织领导，精心部署，确保相关工作落实到位。

二、科研院所、高等学校等事业单位承担中央财政科技计划（专项、基金等）以及纳入中央部门预算管理的科研项目，所发生的属于《中央预算单位公务卡强制结算目录》（财库〔2011〕160号）范围的支出以及小额材料费和测试化验加工费等，要按规定实行公务卡结算。对上述支出中，因不具备刷卡条件而无法采用公务卡结算，但科研工作实际需要发生的支出，如市内交通费、野外科考工作中发生的支出等，报经单位科研管理部门及财务部门批准可以暂不使用公务卡结算。项目承担单位应当制定相关实施细则，明确不具备刷卡条件情形下的财务审批程序和报销手续，从严控制现金支出事项，减少现金提取和使用。

三、各有关单位应当按照公务卡管理有关制度规定，为单位工作人员统一办理公务卡，规范公务卡支付行为，严格落实科研项目经费使用公务卡结算要求。非预算单位工作人员原则上不得办理公务卡。对于参与科研项目1年以上，并负责科研经费支出报销业务的项目聘用人员，由聘用人员与项目负责人共同申请，经项目管理部门和财务部门批准后，可以办理公务卡。

四、各有关单位应当依托代理银行公务卡支持系统（或财政部门国库集中支付系统公务卡模块），审核公务卡报销事项。报销业务量大的单位，可结合本单位实际情况，在单位财务管理信息系统中增加公务卡模块，由报销人在网上自行完成消费记录验证环节，提高报销审核效率。对于批准报销的公务卡消费支出，应在规定的还款期限内，区分报销资金的不同来源，通过零余额账户或实有资金账户以转账方式办理公务卡还款手续。

五、公务卡为个人信用卡，除公务消费支出由单位报销还款外，公务卡的其他消费支出均由个人负责还款，单位不承担因个人原因导致的一切责任。工作人员离职，应及时办理销卡手续，不得继续使用公务卡。若离职人员不配合销卡，单位财务部门可直接提请发卡银行冻结相应的公务卡。

六、科研项目财务验收检查时，科研项目使用公务卡结算情况作为验收内容之一。公务卡使用情况纳入科研信用管理范围，凡未按规定使用公务卡的，将与项目承担单位或依托单位以及项目负责人和参加者的科研信用记录挂钩。

七、各地区可参照本通知，制定地方财政科研项目使用公务卡结算管理办法。

八、本通知由财政部会同科技部负责解释。

九、本通知自 2016 年 2 月 1 日起执行。

财政部　科技部
2015 年 12 月 31 日

财政部 中国人民银行
关于加快推进公务卡制度改革的通知

(2012年9月5日 财库〔2012〕132号)

党中央有关部门，国务院各部委、各直属机构，武警部队，全国人大常委会办公厅，全国政协办公厅，高法院，高检院，有关人民团体，新疆生产建设兵团财务局，各省、自治区、直辖市、计划单列市财政厅（局），中国人民银行上海总部、各分行、营业管理部、省会（首府）城市中心支行，各副省级城市中心支行，中国银联，各中央预算单位公务卡代理银行：

公务卡制度改革自2007年推行以来，改革覆盖面不断扩大，在减少预算单位现金使用、规范公务支出方面取得明显成效。但目前仍有一些中央和地方预算单位尚未全面实施改革，影响整体改革进程。为贯彻落实国务院第五次廉政工作会议关于2012年底前全面推行公务卡制度的要求，现就加快推进公务卡制度改革有关事宜通知如下：

一、全面实施公务卡制度改革

（一）中央各部门要加快将公务卡制度覆盖到所有基层预算单位。尚未实施公务卡制度改革的中央一级预算单位，要迅速启动改革,不迟于2012年9月底为本单位工作人员统一办理公务卡;尚未实施改革的二级以下中央预算单位,要确保2012年年底前为本单位工作人员统一办理公务卡。

(二)地方财政部门要加快将公务卡制度覆盖到县乡。在进一步扩大省、市两级改革覆盖面的同时,加大县乡预算单位改革的推进力度,确保2012年年底前将改革覆盖到所属各级基层预算单位。

(三)用卡环境尚不成熟的县乡,预算单位应根据实际情况为有用卡需要的公职人员办理公务卡。

二、加强公务卡相关制度建设

(四)完善公务卡管理办法。地方各级财政部门要会同当地人民银行分支机构,参照《中央预算单位公务卡管理暂行办法》(财库〔2007〕63号),健全完善本地区公务卡管理制度,严格规范办卡程序和报销业务流程,明确管理职责,加强日常监督。

(五)全面推行公务卡强制结算目录制度。中央预算单位要严格执行《中央预算单位公务卡强制结算目录》,按规定使用公务卡结算的,原则上不再使用现金。地方省、市两级财政部门要结合本地实际,于2012年年底前建立公务卡强制结算目录制度,将预算单位差旅费、招待费和会议费等公务支出纳入强制结算目录范围。有条件的县级财政部门也要建立公务卡强制结算目录制度。

三、规范公务卡使用管理

(六)统一公务卡用卡标准。公务卡一律采用专用发卡行标识代码(Bank Identification Number,BIN)为"628"开头的银联标准卡。对于之前已经核发、未采用专用BIN的公务卡,公务卡代理银行应当进行清理和登记,并在有效期满后及时做好银联标准公务卡的换卡工作。

(七)规范公务卡发卡程序。预算单位要与公务卡代理银行签订委托代理协议,明确双方的权利和义务,并报财政部门备案。公务卡原则上一人一卡,由预算单位统一组织本单位工作人员向代理银行申办,严禁为非预算单位人员办理公务卡。

(八)加强公务卡支持系统建设和信息安全管理。预算单位、公务卡代理银行和中国银联要优化和完善公务卡支持系统,提高公务卡支持系统运行速度和稳定性;要在制度和技术上采取必要措施保障公务卡信息安全,严禁对外提供或泄漏与公务卡持卡人和公务支出有关的各种数据资料。

四、改善公务卡制度推广环境

(九)加强宣传培训。各地区、各部门要做好宣传培训工作,使公务人员充分了解公务卡的具体使用方法和安全用卡知识,单位财务人员熟练掌握公务卡管理规定和报销还款具体操作,提高办卡、用卡积极性,为推广使用公务卡营造良好的舆论环境。

(十)提高公务卡代理银行服务质量。公务卡代理银行要为预算单位和持卡人提供优质、便捷服务,简化办卡手续,缩短办卡流程,及时反馈资金还款等信息;加强公务卡数据统计,密切关注公务卡使用情况,定期向财政部门和预算单位反馈。

(十一)进一步改善公务卡受理市场建设。各级财政部门要牵头协调与公务支出密切相关的单位和企业积极受理公务卡。财政部门、预算单位在确定党政机关出差会议定点饭店及公务车辆定点加油、维修供应商时,原则上要将受理公务卡作为前提条件。公务卡代理银行、中国银联要扩大销售点终端（Point of Sale，POS）机具布设范围，加大布设密度，增加机具数量，特别是加大中西部地区的布设力度。

五、及时准确报送公务卡制度改革进展情况

（十二）各中央部门和中央预算单位公务卡代理银行要于2012年10月底前和2013年1月底前分别向财政部报送截至2012年9月末和截至2012年年末改革进展情况表和业务数据统计表（见附件）。

（十三）省级财政部门要按照《财政部关于进一步推进地方国库集中收付制度改革的通知》（财库〔2011〕167号）规定，按时报送公务卡制度改革情况。

（十四）地方各级财政部门要规范公务卡数据统计，对本级预算单位报送的数据，应当与代理银行数据核对一致，并向上级财政部门报送，确保数据真实准确。

附件：1. 中央预算单位公务卡制度改革进展情况表
   2. 中央预算单位公务卡代理银行业务数据统计表

财政部　中国人民银行
2012年9月5日

财政部关于实施中央预算单位公务卡
强制结算目录的通知

(2011年11月25日 财库〔2011〕160号)

党中央有关部门,国务院各部委、各直属机构,武警部队,新疆生产建设兵团,全国人大常委会办公厅,全国政协办公厅,高法院,高检院,有关人民团体:

为加强和规范公务支出管理,进一步推进公务卡制度改革,扩大公务卡使用范围,切实减少公务支出中的现金提取和使用,根据《财政部 中国人民银行关于印发〈中央预算单位公务卡管理暂行办法〉的通知》(财库〔2007〕63号)等有关规定,决定在中央预算单位实施公务卡强制结算目录。现就有关事项通知如下:

一、充分认识实施公务卡强制结算目录的必要性

公务卡制度改革自2007年推行以来,改革覆盖面迅速扩大,公务卡发卡量快速增长,对减少预算单位现金支付结算、规范公务支出的政策效应逐步显现。但同时也存在公务卡使用范围偏窄、使用率不高的问题,"有卡不用"现象较为普遍。建立公务卡强制结算目录,严格规定预算单位公务支出中必须使用公务卡结算的项目,有

利于提高公务卡使用率，充分发挥公务卡制度优势，进一步加强和规范公务支出管理。各部门各单位要从党风廉政建设和源头预防腐败的高度，切实提高对实施公务卡强制结算目录必要性和重要性的认识，认真抓好落实工作。

二、严格执行公务卡强制结算目录

（一）所有实行公务卡制度改革的中央预算单位，都应严格执行中央预算单位公务卡强制结算目录。

（二）凡目录规定的公务支出项目，应按规定使用公务卡结算，原则上不再使用现金结算。原使用转账方式结算的，可继续使用转账方式。

（三）下列情况可暂不使用公务卡结算：

1. 在县级以下（不包括县级）地区发生的公务支出；

2. 在县级及县级以上地区不具备刷卡条件的场所发生的单笔消费在200元以下的公务支出；

3. 按规定支付给个人的支出；

4. 签证费、快递费、过桥过路费、出租车费用等目前只能使用现金结算的支出。

除上述情况外，因特殊情形确实不能使用公务卡结算的，应报经单位财务部门批准。

三、有关工作要求

（一）制定具体细则。各部门应尽快制定本部门实施公务卡强制结算目录的管理办法，并于2011年12月31日前报财政部备案。各部门要加强对所属预算单位的指导，要求各单位制定相应的实施细则,重点明确不能使用公务卡结算情况下的财务审批程序和报销手续。各部门各单位应从严控制不使用公务卡结算的支出事项,必要时报销申请人应提供不能使用公务卡结算的证明材料。

(二)加强培训宣传。各部门各单位要加强公务卡管理政策培训,使单位财务人员和工作人员熟练掌握公务卡强制结算目录。同时要加强宣传,在本部门本单位形成良好的主动用卡、自觉用卡氛围。

(三)加大改革力度。各部门要于2012年底前将公务卡制度改革推进到所有基层预算单位,并督促基层预算单位严格执行公务卡强制结算目录。

本通知自2012年1月1日起实施。

附件:中央预算单位公务卡强制结算目录

财政部

2011年11月25日

附件:

中央预算单位公务卡强制结算目录

序号	公务卡结算项目	备注
01	办公费	指单位购买按财务会计制度规定不符合固定资产确认标准的日常办公用品、书报杂志等支出。
02	印刷费	指单位的印刷费支出。
03	咨询费	指单位咨询方面的支出。
04	手续费	指单位支付的手续费支出。
05	水电费	指单位支付的水电费支出。

续表

序号	公务卡结算项目	备注
06	邮电费	指单位开支的电话费、电报费、传真费、网络通讯费等支出。
07	物业管理费	指单位开支的办公用房、职工及离退休人员宿舍等的物业管理费，包括综合治理、绿化、卫生等方面的支出。
08	差旅费	指单位工作人员因出差支付的住宿费、购买机票支出等。
09	维修（护）费	指单位日常开支的固定资产（不包括车船等交通工具）修理和维护费用，网络信息系统运行与维护费用。
10	租赁费	指租赁办公用房、宿舍、专用通讯网以及其他设备等方面的费用。
11	会议费	指会议中按规定开支的房租费、伙食补助费以及文件资料的印刷费、会议场地租用费等。
12	培训费	指各类培训支出。
13	公务接待费	指单位按规定开支的各类公务接待（含外宾接待）费用。
14	专用材料费	指单位购买日常专用材料的支出。具体包括药品及医疗耗材，农用材料，兽医用品，实验室用品，专用服装，消耗性体育用品，专用工具和仪器，艺术部门专用材料和用品，广播电视台发射台发射机的电力、材料等方面的支出。
15	公务用车运行维护费	指公务用车的燃料费、维修费、保险费等支出。
16	其他交通费用	指单位除公务用车运行维护费以外的其他交通费用。如飞机、船舶等的燃料费、维修费、保险费等。

"一书一码"使用说明

尊敬的读者：

感谢您选择我们的图书。为了给您带来更丰富的阅读体验并保护版权，本书采用了"一书一码"技术，以下是使用说明：

一、数字资源获取

每本图书都有一个独一无二的二维码，您可以在书籍封底找到它。请刮开涂层，使用手机扫描二维码，系统将自动识别并为您开启专属的数字资源页面。这些数字资源包括但不限于与书籍内容相关的拓展资料、相关制度文件更新等内容，它们将进一步加深您对书籍内容的理解并及时获取相关的更新文件。

二、正版验证与防盗版功能

"一书一码"技术也是我们保护版权和读者权益的重要手段。每本图书均有专属二维码，仅能绑定一个微信号。若您购买的图书二维码无法正常扫描激活增值服务，很可能是盗版图书。请拒绝使用盗版书籍，这不仅损害了作者和出版社的利益，也可能影响您的阅读体验和内容获取的质量。

三、联系方式

如果您在书籍使用过程中遇到任何与"一书一码"相关的问题，如无法获取资源或怀疑盗版问题，请致电010-88191038、88190947，联系我们的客服人员，我们将竭诚为您服务。